Liebe XING MAGAZIN Leserinnen und Leser,

XING Magazin betrachtet in dieser Ausgabe eincs der wohl interessantesten Länder der Welt: Indien. Ein Land in permanenter Transformation, in dem der Kontrast zwischen ländlichen Regionen und den extrem-beschleunigten Metropolen wohl zumindest wie Tag und Nacht ist. Kaum ein anderes Land erweckt so viele Klischees und Bilder in unseren Köpfen.

Der Harvard-Ökonom *Amartya Sen* erklärt uns Erfolge und Abgründe des neuen Indien, und zeigt dabei auf, wie ungleichzeitig die Entwicklung in diesem riesigen südostasiatischen Land passiert.

Außerdem blicken wir auf die Soft Power Indiens, die gerade seit dem ersten Welt-Yoga-Tag (21. Juni 2015) verstärkt ins Rampenlicht rückte. Dass man mit Yoga nicht nur Frieden verbreiten will, sondern in Indien mit einer aggressiv-hindu-nationalistischen Politik gekoppelt wird, macht uns *Iana Horvath* deutlich. in der Hoffnung,

dass der Beitrag nicht von süßlich-riechenden Erinnerungen aus Goa dominiert wird.

In Indien nahm man auch erneut Anlauf zur Umsetzung der nationalen Smart-City-Strategie: Wir werfen dazu einen Blick auf die Millionenmetropole Chandigarh – sowohl architektur-historisch motiviert, als auch der Ankündigung Premierminister Modi´s folgend, dass die minutiös durchgeplante Musterstadt zu Indiens erster Smart City werden soll.

Chiara Lorenzo warf einen Blick auf Indiens Medien und fühlte sich dabei sofort ganz wie zu Hause: Manipulation, Freunderlwirtschaft, Korruption, Indoktrination durch "Haltung"-Journalisten und bodenlose Inkompetenz auf allen Ebenen. Und wir dürfen in das Buch von *Andreas Altmann* schnuppern, der sich auf die Spuren der Indien-Reise von *Pier Paolo Pasolini* von 1960 begab.

Zehn Jahre nach der "Griechenland Rettung" wagen wir mit *Yiannis Mylonas* einen Blick in die groteske Berichterstattung zur Eurokrise und der Griechenland-Debatte. Und ein Jahr nach dem schmerzlichen Verlust unseres lieben Freundes und hochgeschätzten Autors, *Michael Amon,* dürfen wir die von ihm verfasste Streitschrift über Griechenland und die unerträgliche Darbietung der europäischen Institutionen präsentieren.

Als Michael 2015 den Kommentar verfasste, hatte er die Hoffnung, dass Argumente gehört würden, das gedruckte Wort etwas verändern könnte. Leider blieb sein Beitrag unverändert aktuell und wartet – übrigens ebenso wie viele ähnliche – immer noch darauf, in der geistigen Finsternis in Europa entdeckt zu werden.

Viel Freude beim Lesen wünschen

Ihre XING Magazin-Redaktion &
Bernhard Seyringer, Herausgeber

Freyung 8 | 1010 Wien | www.kunstforumwien.at | office@kunstforumwien.at | Tel.: +43 (0) 1 537 33 26

Pierre Bonnard, *Das Fenster*, 1925, *La Fenêtre*, Tate. Presented by Lord Ivor Spencer Churchill through the Contemporary Art Society 1930, N04494 © Tate, 2019 (Ausschnitt)
Alfredo Barsuglia, *Take on me*, Mixed Media, 2019 © Alfredo Barsuglia (Ausschnitt)

INHALT

AUTORINNEN

ANDREAS ALTMANN reiste längere Zeit durch Asien, Afrika und Südamerika, lebte anschließend in Paris, studierte in New York, zurück in Deutschland veröffentlichte er erste Reportagen in Magazinen und Zeitungen.

MICHAEL AMON, der Bruno-Kreisky-Preisträger lebt als freier Autor in Wien und Gmunden. Zuletzt erschien von ihm „Panikroman", die Finanzkrise in Prosaform. Michael verstarb am 11. November 2018.

PAMELA MARJAN BARTAR, Kuratorin und Mit-Herausgeberin des KulturDiplomatMagazin.

JEAN DRÈZE, der seit 1979 in Indien lebt, ist Visiting Professor an der Allahabad University. Zusammen mit Amartya Sen verfasste er u. a. Hunger and Public Action (1989) und India: Development and Participation (2002).

JANA HORVATH studierte an der University of New York in Prag. Seit 2006 schreibt sie für XING MAGAZIN.

YIANNIS MYLONAS lehrt am Centre for Modern European Studies der Universität Kopenhagen und ist ass. Prof. am Institut für Media und Design der National Research University, Higher School of Economics in Moskau.

PIER PAOLO PASOLINI war Schriftsteller, Filmregisseur, Kritiker. Mit seinen Filmen, Büchern und Polemiken wurde er zu einer zentralen Figur der italienischen Öffentlichkeit. Er wurde 1922 in Bologna geboren und 1975 in Ostia ermordet.

CHIARA LORENZO, ist Absolventin der Universität Bocconi in Mailand und wiss. Mitarbeiterin von MRV Research.

AMARTYA SEN, geboren 1933 in Indien, lehrte in Delhi, London und Oxford. Seit 1988 ist er Professor für Philosophie und Ökonomie in Harvard. Für seine Arbeiten zur Wohlfahrtsökonomie und zur Theorie der wirtschaftlichen Entwicklung erhielt er 1998 den Nobelpreis.

BERNHARD SEYRINGER, ist Politikanalyst, Gründer und Leiter von MRV Research und Herausgeber von XING Magazin für Politische Kultur;

Snake charmers handling the deadly hooded cobra - Delhi, India, 1903 © Underwood & Underwood, U. S. Library of Congress;

Lange schien Indien wenig daran interessiert, an Bedeutung auf der Weltbühne zu gewinnen. Derzeit herrscht zwar Konsens unter den Parteien, dass Indien das Potential hat, zur drittgrößten Weltwirtschaft aufzusteigen, und damit eine Schlüsselrolle in einer multipolaren Welt einnehmen könnte. Dieses Bewusstsein schlug sich aber lange nicht in Indiens Aussenpolitik nieder.

INDIENS HARD UND SOFT POWER.

Eine Demokratie behauptet sich in Südostasien.

TEXT: BERNHARD SEYRINGER

DIE AUSSENPOLITIK INDIENS ERFÄHRT EINEN DEUTLICHEN WANDEL.

Auch wenn die Annäherung mit Pakistan tatsächlich Früchte tragen sollte, Erfolge in der Aussenpolitik auch in innpolitisches Momentum umzusetzen gelingt in einem polarisierten Klima sehr schlecht. Manmohan Singh, Premierminister bis 2014, betrachtete das Atomabkommen mit den USA als seinen größten Erfolg. Während Singh darin Indiens aufstrebende Position in Südostasien und als Atommacht bestätigt sah, konnte er gleichzeitig nie innenpolitisches Kapital daraus ziehen.

Während die groben, oben skizzierten, Leitlinien Indiens Aussenpolitik auch unter Premierminister Modi gelten, setzte er schon zu Beginn seiner Amtszeit auch neue Signale. Modi startete mit einer aktiven Belebung der lange vernachlässigten Beziehungen zu Indiens Nachbarstaaten. Vor allem seine Reiseaktivitäten heben die neue, gesteigerte Bedeutung dieser Beziehungen hervor. Allein Nepal hat er 2014 zwei Mal innerhalb von vier Monaten besucht. Seine erste Übersee-Reise ging nach Bhutan. Modi widmete sich den territorialen Streitigkeiten mit Bangladesh. Er umwirbt China, Japan und die USA mit hochrangigen bilateralen Besuchsritualen.

Modi zeigt auch Präsenz in internationalen Foren, vor allem etwa bei den BRICS-Treffen, G-20 Konferenzen und der Generalversammlung der Vereinten Nationen. Zudem gibt es Pläne Indiens diplomatischen Dienst (IFS) aufzustocken, was jedoch aller Voraussicht nach Jahre in Anspruch nehmen wird, bis erste Veränderungen spürbar werden. In der Zwischenzeit bleibt das IFS wahrscheinlich eine der konservativsten Vertretungen auf der internationalen Bühne, berühmt für komplizierte Abläufe, sehr personenbezogene Entscheidungsprozesse und nahezu immun gegenüber progressive Einflüssen.

BOLLYWOOD, YOGA UND AYURVEDA: INDIENS SOFT POWER

Es zeigt sich jedoch, dass die Schwäche der Aussenpolitik zunehmend von Indiens Soft Power mehr als ausgeglichen wird. Indien setzt sich mit Bollywood, Yoga, Buddhismus und Heiltraditionen weltweit in Szene. Schon seit geraumer Zeit versucht man den Faktor Kultur vermehrt aussenpolitisch zu nutzen. Im Jahr 1950 wurde der Indian Counsil for Cultural Relations (ICCR) gegründet. Nach der indischen Devise „Einheit in der Vielfalt" wird hier Kultur vor allem in der unpolitischen Form gepflegt, da man inneren ethnischen Spannungen keinen Vorschub leisten wollte. 2006 wurde das ICCR erweitert und »

Neben Yoga ist Bollywood der massentauglichste Kulturexportschlager Indiens. Die indische Filmindustrie ist die größte der Welt, mit einem jährlichen Output von über 3.000 Kinofilmen.

ist nun in 38 Ländern vertreten. Man bietet zahlreiche Veranstaltungen, von Lesungen bis Ausstellungen und Filmvorführungen, an.

Kultur und Soft Power-Diplomatie soll das Image Indiens vom armen Entwicklungsland in einen aufstrebenden, dynamischen global Player verwandeln, um Investoren anzulocken und die Wirtschaft anzukurbeln. Viele Großevents werden jedes Jahr vom Aussenministerium unterstützt, wie die World Hindi Conference, die die Hindu Sprache und Kultur propagieren. Im Aussenamt wurde eine Public Diplomacy Abteilung und 2007 eine eigene Abteilung für die Abstimmung der Aussenpolitik mit innenpolitischen Akteuren installiert.

Seit in den 1990ern bekannt wurde, dass Auslandschinesen zu den größten Investoren in China zählen und somit maßgeblich am Wirtschaftswunder beteiligt waren, widmet sich auch Indien aktiv seinen Non-Resident Indians (NRI) und People of Indian Origin (PIO) – zumindest den wohlhabenden unter ihnen. Ein hochkarätiges Komitee der Auslands-Inder wurde auf Betreiben des Aussenministeriums gegründet, das seither die indische Aussenpolitik aktiv unterstützt. Deutlich wird die Bedeutung solcher Bemühungen zum Beispiel in den USA, wo seit den 1990ern NRI aktiv sind und sich Indien als Thema in der Öffentlichkeit fest etabliert hat.

Auch Kulturexporte tragen maßgeblich zum neuen Image Indiens bei. Neben Yoga ist Bollywood der massentauglichste Kulturexportschlager Indiens. Die indische Filmindustrie ist die produktiveste der Welt mit einem jährlichen Output von über 3.000 Kinofilmen und zwei Milliarden Euro Einspielergebnis (Stand 2014). Bollywood-Filme haben eine Reichweite, die den Vergleich mit Hollywood nicht scheuen muss. Modi hat Bollywood als wichtigen Teil seiner Soft Power Diplomatie erkannt. An-

lässlich Xi Jinpings ersten Besuch in Indien, 2014, wurde ein Memorandum für gemeinsame Ko-Produktionen unterzeichnet, die schon erste Früchte zeitigte: Kung Fu Yoga, mit Jackie Chan.

Mit den Kinofilmen aus Hollywood wurde das Image des idealtypischen amerikanischen Mittelschicht-Lebensstils weltweit verbreitet und glorifiziert. Die US-Traumfabrik prägte dabei überall in der Welt eine amerikanische Idee von wirtschaftlicher, sozialer und politischer Entwicklung, die auch in die theoretischen Modernisierungsdiskurse der 1950er und 60er aufgenommen wurde.

Hollywoods Soft Power war so effektiv weil sie mit der wirtschaftlichen und politischen Vormachtstellung der USA zu dieser Zeit korrespondierte. Bollywood-Produktionen haben zwar eine ähnliche Reichweite und können auch bestimmte Ideale, z. B. Familienleben oder Geschlechterrollen, befördern, aber verglichen mit Hollywood wird nicht auf ein universalistisches Kulturmodell reflektiert. Bollywood überzeugt daher als Entertainment-Industrie, aber nicht so sehr als Soft Power Generator.

Ähnliches gilt auch für andere Kulturexporte. Insgesamt entfaltet sich ein facettenreiches, jedoch letztlich auch verschwommenes Bild Indiens. Einerseits setzt man gerne darauf, die Aufmerksamkeit auf das moderne Indien zu fördern – eine Strategie, die sich zwar in steigenden Investitionen niederschlägt, aber bisher doch merkbar hinter den Erwartungen zurück blieb. Andererseits verbreiten sich auch Musik, Esskultur, Mode und spirituelle Produkte auf den Massenmärkten der Welt. Aber zusammen ergibt sich nicht ein ähnlich kohärentes Bild, wie es das amerikanische Modell bietet. Indische Kultur und Politik wird nicht als Gesamtkonzept wahrgenommen, weder in Indien, noch in anderen Teilen der Welt. So konnte Indien vom weltweiten Yoga-Boom kaum profitieren und zieht   »

"The Merchants of Bollywood", Musical about India's Bollywood dance and Merchant family film dynasty; 2010 © Cindy Byram;

Modi setzt aktiv auf Indiens spirituelle Tradition in seinen aussenpolitischen Initiativen.

Yoga steht dabei im Vordergrund.

auch weit weniger Touristen an als China oder vergleichbare Länder.

Das könnte sich ändern. Modi setzte aktiv auf Indiens spirituelle Tradition in seinen aussenpolitischen Initiativen. Yoga steht dabei oft Vordergrund. Als er seine erste Rede vor der UN Generalversammlung 2014 hielt, erklärte er Yoga zu „India´s gift to the world" und schaffte es, dass der 21. Juni zum Welt-Yoga-Tag erklärt wurde. 177 Nationen stimmten für den Vorschlag, unter ihnen die USA und China. Auch traditionelle indische Medizin und Ayurveda tragen zur Imagebildung bei und wurden den Beamten im diplomatischen Dienst anempfohlen. Modi versuchte mit dem Rückgriff auf die indische buddhistische Tradition die Beziehungen zu China, Japan, Myanmar und Nepal zu stärken. Nicht nur bei den Treffen mit Xi ist der Buddhismus ein Hauptthema, auch in seinen Besuchen in Nepal und Japan war das Thema stark präsent. Und bei seiner zweiten Rede vor der UN-Generalversammlung 2019 erklärt Modi "Indien hat der Welt Buddah geschenkt, nicht Krieg."

Modi setzt viel politisches Kapital ein, um die Wirksamkeit der Aussenpolitik auch mit Soft Power zu stärken. Dazu hat er verschiedene Werkzeugen zur Verfügung: Mittlerweile erreicht die NRI-Community 25 Millionen Inder weltweit. Es gibt aktive Indien-Ausschüsse im U.S. Kongress und im Senat, indische Amerikaner spielen eine zunehmen bedeutende Rolle in der Wahlkampffinanzierung. Modis Aufruf „join hands and serve mother India." (in Hindi) wurde am Madison Square Garden wurde 2014 von 18.000 Menschen gehört. Ähnliche Worte hörten Inder in Japan und in Australien.

AUSSENPOLITISCHES GEZWITSCHER

Ein weiteres Werkzeug, das Modi bestens beherrscht, ist der Umgang mit digitalen Medien. Modis Twitter-Account folgen 51,8 Millionen User. Er nutzt dieses Medium beispielsweise, um seine gute Beziehung mit Japans Premierminister Shinzo Abe in Englisch und Japanisch zu kommunizieren, oder ausländische Investoren willkommen zu heißen, oder um Bilder mit Präsident Trump zu posten, der ihn in Houston, Texas bei seiner #HowdyModi Tour durch die USA besuchte. Modis digital diplomacy wird dabei gerne aufgegriffen: "The USA loves India" twitterte @realDonaldTrump.

Ganz selbstverständlich nutzt Modi auch Facebook, YouTube, Pinterest und andere Plattformen. Im November 2014 erschien das erste Foto von ihm auf Instagram, das prompt 32.000 Likes generierte. Mittlerweile folgen 32,5 Millionen @narendramodi und fast 4 Millionen gefällt das Bild von Modi mit Baby im Parlament.

Indiens Aussenministerium veröffentlichte auch eine App, die Konsularservices und Informationen über die indische Aussenpolitik anbietet, sowie ein „Follow your PM"-Feature, mit dem User Modis Reiseaktivitäten mitverfolgen können. All diese Kanäle unterstützen Indiens konventionelle Diplomatie indem sie direkt mit politischen Eliten und Öffentlichkeiten rund um den Globus kommunizieren.

Darüber hinaus unternimmt Modi erfolgreiche Initiativen, um die Bürokratie in Delhi zu umgehen und dezentralisiert Elemente der Aussenpolitik. Den BRICS-Gipfels 2014 in Brasilien etwa nutzte Modi für dieses Anliegen: „champion engagement between our states, cities and other local bodies." Und Modi verwertet solche dezentralen Arrangements, wie Partnerstädte, sehr erfolgreich. Bei seinem ersten Staatsbesuch in Japan konnte Modi eine Städtepartnerschaft zwischen Kyoto und Varanasi initiieren, die dazu beitragen soll Unterstützung für die Modernisierung von Delhis Parlamentsdistriktes zu gewinnen.

Am G20-Treffen 2014 in Australien bastelte Modi an einem Partnerstadtabkommen zwischen Hyderabad und Brisbane. Und als der chinesische Präsident Xi Jinping Ahmedabad besuchte, wurde eine Partnerschaft mit   »

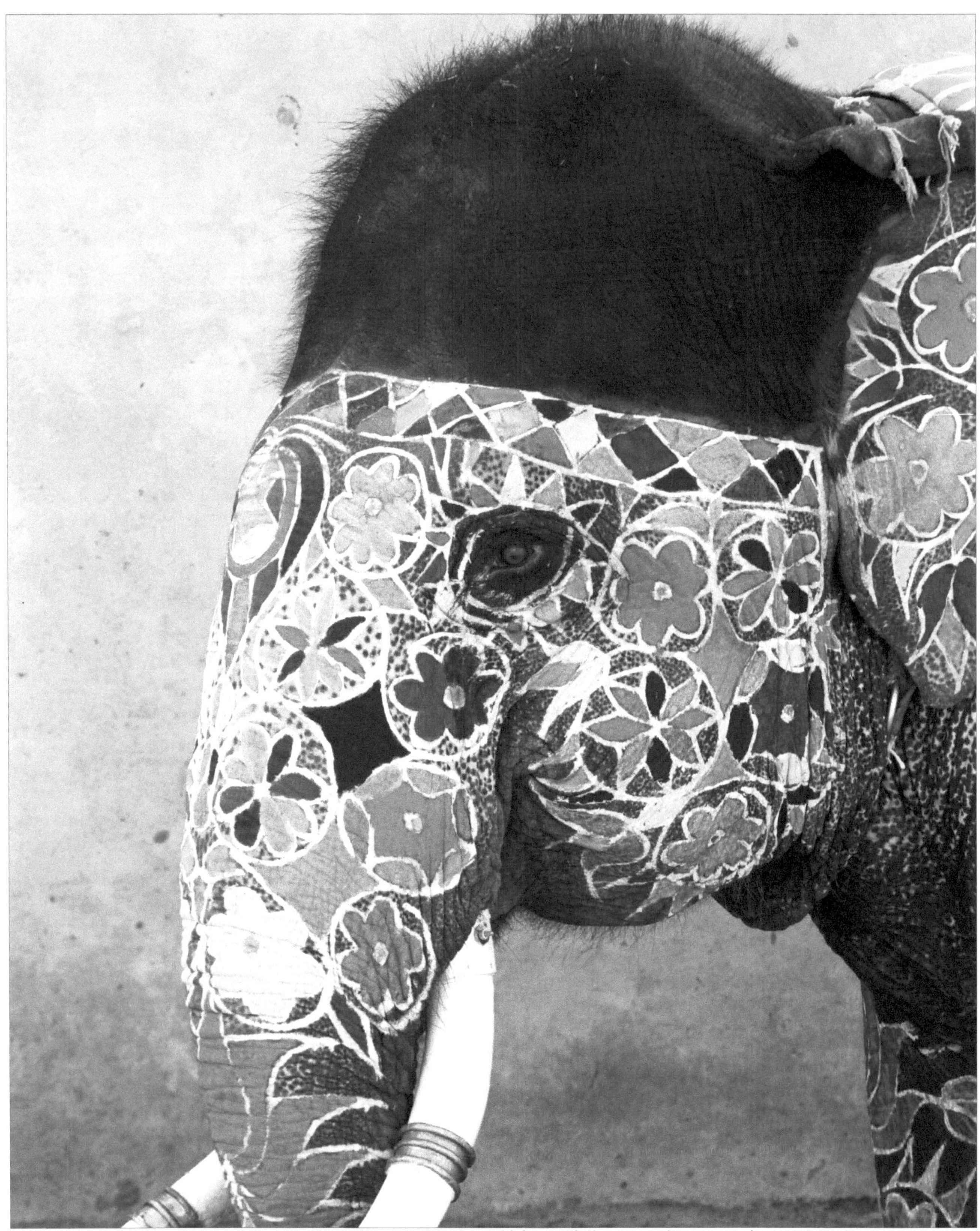

Baby-Elephant at the worlds largest Elephant-Festival in Jaipur, India, 2010 © Elephant Festival – Jaipur,

Indien betrachtet diese Aktivitäten mit zunehmenden Argwohn und vermutet eine Einkreisungsstrategie dahinter, die Indien sukzessive von Seewegen abschneidet. Selbstverständlich wird man in Peking nicht müde solche Vermutungen zu entkräften ...

Guangzhou geschlossen, der Hauptstadt der Provinz Guangdong, dem chinesischen Produktionszentrum.

CHINAS PERLENKETTE

Im Oktober 2013 erklärte Chinas Präsident Xi Jinping, die maritime Seidenstraße öffentlich zu einem chinesischen Jahrhundert Projekt. Das Großprojekt soll die Großstädte an Chinas Küsten mit dem Nahen Osten, Afrika und Europa verbinden. Während Peking nach Westen in den Indischen Ozean expandieren will, versucht Neu Delhi seinen Einfluss im Südchinesischen Meer auszuweiten. Allem Anschein nach versucht China jedoch Schiffe und Flugzeuge aus den Südchinesischen Gebieten fern zu halten, während Indien auf den Grundsatz der freien Schifffahrt pocht. Dieser Interessenskonflikt könnte sich noch verschärfen.

Schon seit 1999, als die maledivische Insel Marao für „maritime traffic management" von China geleast wurde, sind Expansionsbestrebungen in der Region im Gange. In Delhi befürchtet man, dass die von China errichteten Anlagen in militärische Überwachungsposten und Häfen umfunktioniert würden. Die Befürchtung erwies sich bereits als nicht unbegründet. Marao dient derzeit halboffiziell als chinesischer Überwachungsposten, der die Bewegung von indischen und U.S. Kriegsschiffe aufzeichnet. Obwohl es Peking immer wieder bestreitet, soll der Hafen Berichten zufolge aber auch von chinesischen U-Booten angelaufen werden.

Nicht nur auf Marao, auch in Colombo in Sri Lanka, Payra in Bangladesh, Gwadar in Pakistan, und Kyaukpyu in Burma werden von China maritime Anlagen errichtet. Während Indien und China erbittert um die strategische Positionierung auf den Seychellen konkurrieren, hat Peking die erste Übersee-Militärbasis 2017 in Obock in Djibouti fertig gestellt. Es heißt, dass bis zu 18 chinesische Stützpunkte im Indischen Ozean entstehen sollen.

Das bislang westlichste Projekt der chinesischen Expansion ist Namibias Walvis Bay im südlichen Atlantik nahe dem Kap der Guten Hoffnung. Im August 2019 wurde der Container-Terminal auf dem 40 ha großen Areal eröffnet auf dem bis zu 1 Mio. Container pro Jahr verschifft werden könnten. Das Hafenprojekt wird von der im Staatseigentum gehaltenen China Harbour Engineering Company errichtet, die sich rühmt gleich zu Beginn der Bauarbeiten 2014 einen Streik der afrikanischen Arbeiter niedergerungen zu haben, und großmütig - nach einer Entschuldigung - die Arbeiter nicht entlassen, sondern nur eine Verwarnung ausgesprochen zu haben. Das und ähnliche Großtaten der chinesischen Firma kann man auf der Projekt-Website nachlesen.

Indien betrachtet diese Aktivitäten mit zunehmenden Argwohn und vermutet eine Einkreisungsstrategie dahinter, die Indien sukzessive von Seewegen abschneidet. Selbstverständlich wird man in Peking nicht müde solche Vermutungen zu entkräften, da diese Projekte nur für die zivile Schifffahrt errichtet würden und es sich vornehmlich um Handelsdepots handle. Liu Jianchao, Chinas stellvertretender Aussenminister, erklärte im September 2014: "China has never, and will not, use so-called military or other means to try and hem in India."

Doch der Eindruck, dass China die Schifffahrt im Südchinesischen Meer einschränken will, bleibt bestehen. Besonders die Bauarbeiten an künstlichen Inseln und der Ausbau auf den Riffen der Spratly-Inseln bekräftigen den Eindruck, dass Peking seine territorialen Ansprüche, auch gegenüber den umliegenden Staaten durchsetzen will.　　»

"Apocalyptron1" © Thukral & Tagra, Dehli, 2010

Der Great-Stone-Industriepark in Minsk begrüßt seit 2017 seine Besucher mit einem großen roten Banner: "Zeit ist Geld, Effizienz ist alles" geschrieben auf Chinesisch und Russisch. China hat hier die erste „modern city of the Eurasian continent" gebaut, die Teil des Export-Sprungbretts in die EU werden soll, das Berlin, Warschau, Minsk und Moskau verbinden wird.

Aber die maritime Seidenstraße ist nur eine Seite von Chinas Expansionsbestrebungen. Auch das Projekt Seidenstraße auf dem Kontinent nimmt zunehmend Formen an. Mit Russland als Partner des „Silk Road Economic Belt" entsteht ein Wirtschaftsraum der sich über ganz Zentralasien spannen wird und fundamentale geopolitische Veränderungen nach sich ziehen könnte.

Das „Centre for Research on Globalization" spricht angesichts der Pläne schon von „Silk World Order". Das Gipfeltreffens der BRICS und Shanghai Cooperation Organization (SCO), das 2015 in Ufa, im russischen Bashkortostan stattfand, war ein wichtiger Schritt dieses Integrationsprozesses, den Russland und China anstreben. In Ufa wurde der Fahrplan für das „Eurasische Jahrhundert" und für die Konstruktion einer zentralen Achse ausgearbeitet, die Chinas Allianzen der neuen Seidenstraße und die von Russland angeführte Eurasische Wirtschaftsunion verbinden soll.

Die Pläne gehen aber weit über den eurasischen Raum hinaus und beinhalten etwa auch ein transkontinentales Mega-Eisenbahnnetz, das vom Südchinesischen Meer bis auf die Iberische Halbinsel führen soll. Der größte Industriepark Europas steht in einem Waldgebiet beim Minsker Flughafen in Weißrussland. Der Great-Stone-Industriepark begrüßt seit 2017 seine Besucher mit einem großen roten Banner: "Zeit ist Geld, Effizienz ist alles" geschrieben auf Chinesisch und Russisch. China hat hier die erste „modern city of the Eurasian continent" gebaut, die Teil des Export-Sprungbretts in die EU werden soll, das Berlin, Warschau, Minsk und Moskau verbinden wird.

Was in Ufa verhandelt wurde könnte die Nachkriegs-Weltordnung ins Wanken bringen. Das Monopol von Weltbank und Internationalem Währungsfonds wird von der Neuen Entwicklungsbank der BRICS sowie der SCO Entwicklungsbank und der Asiatischen Infrastruktur Investmentbank angefochten. Der U. S. Dollar verliert weiter an Bedeutung im bilateralen Zahlungsverkehr der Mitglieder dieser Allianzen. Und mit der zunehmenden institutionellen Organisation wurden weitere Grundsteine für die neue Silk World Order gelegt.

Viele Beobachter sehen für Indien keine Alternative, als sich in diese neue asiatische Ordnung einzufügen. Derzeit sieht es so aus, als könnte Modi eine Allianz aus Staaten zusammenführen, die sich von den chinesischen Expansionsbestrebungen bedroht fühlen. Gerade die Soft Power Diplomatie macht Indien zu einem bevorzugten Partner für diese Länder. Anders als Russland und China wird Indien relativ neutral und friedlich wahrgenommen.

Für viele Anrainer des Südchinesischen Meeres ist Indien daher ein willkommener Partner, der einerseits nicht zwischen den Großmächten USA und China polarisiert, und andererseits als regionale Großmacht auch politischen Einfluss nehmen kann. Es bleibt abzuwarten, ob und wie sich Indiens Aussenpolitik in diesem Machtkampf bewähren wird. «

LITERATUR

Panda, Ankit: „Assessing the latest India-Pakistan Prime Minister Meeting", The Diplomat, 11. Juli 2015, http://thediplomat.com/2015/07/assessing-the-latest-india-pakistan-prime-ministers-meeting/

Adam Hartman, "Chinese Naval Base for Walvis Bay," Namibian (Windhoek), November 19, 2014, http://www.namibian.com.na/indexx.php?archive_id=130693&page_type=archive_story_detail&page=1.

India in the war. Girl worker in a textile mill, Bombay, 1941 © U. S. Library of Congress

Narendra Modi spricht zu Menschen, die sich für die gemeinsame Massen-Yoga-Session versammelt haben© Indiens Verteidigungsministeriums zum Welt-Yoga-Tag 2015;

Der 21. Juni wird nie mehr ein Tag wie jeder andere sein. Seit 2015 ist es der Welt- Yoga-Tag, ein Lieblingsprojekt von Indiens Premier Narendra Modi, dem indischen Premier, dem über 175 Nationen der Vereinten Nationen ihre Zustimmung dazu gaben. In 192 Ländern rund um den Globus werden seither an diesem Tag Yoga-Events zelebriert. Vom Time Square in New York bis Seoul, auf hoher See und am Siachen-Gletscher, in hunderten Städten weltweit wird von „tens of millions", so Indiens Außenminister Sushma Swaraj, Yoga geübt. Laut Modi wird am Welt-Yoga-Tag „harmony and peace" gefeiert. Kurz, der Welt-Yoga-Tag ist ein rekordverdächtiges Ereignis.

YOGA-POLITICS.

Die innere Harmonie aus Wirtschaftsinteressen, Diplomatie und Nationalismus.

TEXT: JANA HORVATH

Vor allem in Indien werden dabei alle Hebel in Bewegung gesetzt, um diese Errungenschaft gebührend in Szene zu setzen. Tausende Schüler, Studenten und Beamte werden scharenweise zusammen gesammelt, um an diesem Tag um 7.00 Uhr in Neu-Delhi gemeinsam Yoga-Übungen auszuführen. Selbstverständlich ist auch das Mastermind des Welt-Yoga-Tages, der Premierminister, Narendra Modi, an vorderster Front der Rekord-Yoga-Klasse. Sogar Ban Ki-moon, der UN-Generalsekretär, wurde schon barfuß in New York gesichtet – in Baumstellung.

„Harmony and peace" bedeutet selbstverständlich auch big business. Das Yoga-Geschäft boomt, das Wall Street Journal schätzt den Markt weltweit etwa auf 42 Milliarden Dollar, und Indien will endlich auch Kapital daraus gewinnen, womit bisher vor allem Gurus in Europa und USA reich wurden. Das Yoga-business soll nicht nur dem Indien-Tourismus auf die Sprünge helfen, auch die Rechte an der uralten Tradition müssen gesichert werden. Seit einige westliche Gurus versuchten Yoga-Stellungen zu pa-

tentieren wurde man in Indien nervös und hat nun eine Sammlung mit über 1.500 Asanas zusammengestellt, um sie kostenfrei zu erhalten.

Aber über den Yoga-Boom sind nicht alle glücklich. Religiöse Minderheiten fürchten, dass Indien seine säkulare Orientierung verliert und ihnen unter dem Yoga-Mäntelchen der Hinduismus untergeschoben wird. Die regierende Bharatiya Janata Partei (BJP) hat reagiert und die Verpflichtung zur Teilnahme an Gesängen sowie der Sonnenanbetungs-Stellung (Sonnengruß) am Welt-Yoga Tag aufgehoben. Außerdem hat sich die Partei von Mitgliedern distanziert, die Demonstranten gegen die Teilnahmeverpflichtung beim Welt-Yoga-Tag, als Verräter bezeichneten, die im Meer ertränkt werden sollten.

Modi selbst hat den Welt-Yoga-Tag als „an invaluable gift of ancient Indian tradition" kommuniziert und aktuelle religiöse Verbindungen ausgeblendet. Was   »

Gemäß einem Bericht an den UN-Menschenrechtsrat wurden bei dem Massenterror in Orissa über 5.600 Häuser und 300 Kirchen zerstört, 400 Dörfer von ihrer christlichen Bevölkerung „gesäubert" und über 56.000 Menschen vertrieben. Über 100 christliche Männer und Frauen wurden bei diesen Gewaltorgien verbrannt oder zu Tode gehackt.

wiederum bemerkenswert ist für einen Mann, der seine Karriere bei Rashtriya Swayamsevak Sangh (RSS) begann. Die nationalistisch-religiöse Organisation ist die größte nicht-regierungs-Organisation weltweit. In ihren täglich öffentlich stattfindenden Treffen werden hinduistische Traditionen gepflegt, z. B. Yoga. RSS-Mitglieder gründeten seit den 1960 auch andere soziale und politische Organisationen, z. B. eine Studentenorganisation, eine Landreform-Bewegung, u. a. m., die unter dem Schirm „Sangh Parivar" (Parivar = Familie) zusammengeschlossen sind. Der politische Arm ist die BJP.

Traditionell ist Yoga stark mit Indiens „glorreicher Geschichte" verknüpft. Die BJP vermengt diese Geschichte gerne mit „Hindutva", einer Ideologie die besagt, dass Indien das Land der Hindus ist. Kritiker des Welt-Yoga-Tages vermuten, dass der Welt-Yoga-Tag Teil einer umfassenderen Strategie der rechts-konservativen Regierung ist, das alte Indische Mantra „Einheit in Vielfalt" durch mehr religiös-nationalistische Einheit und Zentralismus abzulösen.

Diese Befürchtungen sind nicht unbegründet. Yoga wird von der sehr einflussreichen politisch-religiösen Bewegung RSS in Indien für politische Zwecke eingesetzt. Die RSS arbeitet seit ihrer Gründung an der Renaissance des Hinduismus, der für die ganze Welt Frieden und Wohlstand bringen soll. Diese „Philosophie" vertrug sich auch sehr gut mit Adolf Hitlers Weltanschauung, der während des 2. Weltkriegs in der RSS sehr verehrt wurde.

Die Leitlinien, die bis heute ihre Gültigkeit haben, wurden von M. S. Golwalkar, der damals die Führung der RSS inne hatte, so formuliert: „Nicht-Hindus müssen entweder die Hindu-Kultur und Sprache annehmen, … dürfen nichts außer die Hindu-Rasse und Kultur lieben;

Oder sollen sich der Hindu-Nation unterwerfen, sie dürfen nichts verlangen, sie verdienen nichts, ihnen gebühren keinerlei Privilegien – nicht einmal Bürgerrechte."

Die RSS und ihre verbundenen Organisation werden immer wieder mit blutigen Aufständen und Verbrechen in Verbindung gebracht, die sich gegen religiöse Minderheiten richten. Die Ausschreitungen in Orissa, die sich von Weihnachten 2007 bis November 2008 ereigneten, werden der RSS und affiliierten Gruppen zugeschrieben, wahrscheinlich mit Unterstützung von damaligen BJP-Regierungsmitgliedern. Gemäß einem Bericht an den UN-Menschenrechtsrat (1) wurden bei diesem Massenterror über 5.600 Häuser und 300 Kirchen zerstört, 400 Dörfer von ihrer christlichen Bevölkerung „gesäubert" und über 56.000 Menschen vertrieben. Über 100 christliche Männer und Frauen wurden bei diesen Gewaltorgien verbrannt oder zu Tode gehackt. (2)

Narendra Modi, prominentes Mitglied der BJP, war 2002 Gouverneur in Gujarat als ein religiös motivierter Aufstand über 1.000 Todesopfer forderte. In einer mehrtägigen blutigen Menschenjagd wurden vornehmlich muslimische Bürger Opfer von Vergewaltigung, Vertreibung und Verwüstung. Sogar Kinder wurden öffentlich verbrannt. Seither werden immer wieder Gerüchte laut, wonach Modi die ethnische Säuberung zugelassen hätte. Erst 2012 wurde er vom Vorwurf der Mittäterschaft freigesprochen, doch 2013 wurden erneut Vorwürfe erhoben.

Eine neue Spielart die säkulare Identität Indiens zu unterhöhlen und religiöse Konflikte anzustacheln, ist das seit der Regierung Modi lancierte „Ghar Wapsi" ([Massen-]konversions) Programm. Indischen Presseberichten zufolge wurden am 8. Dezember 2014 muslimische Bewohner eines Viertels im nordindischen Agra, die vorwiegend vom Müllsammeln »

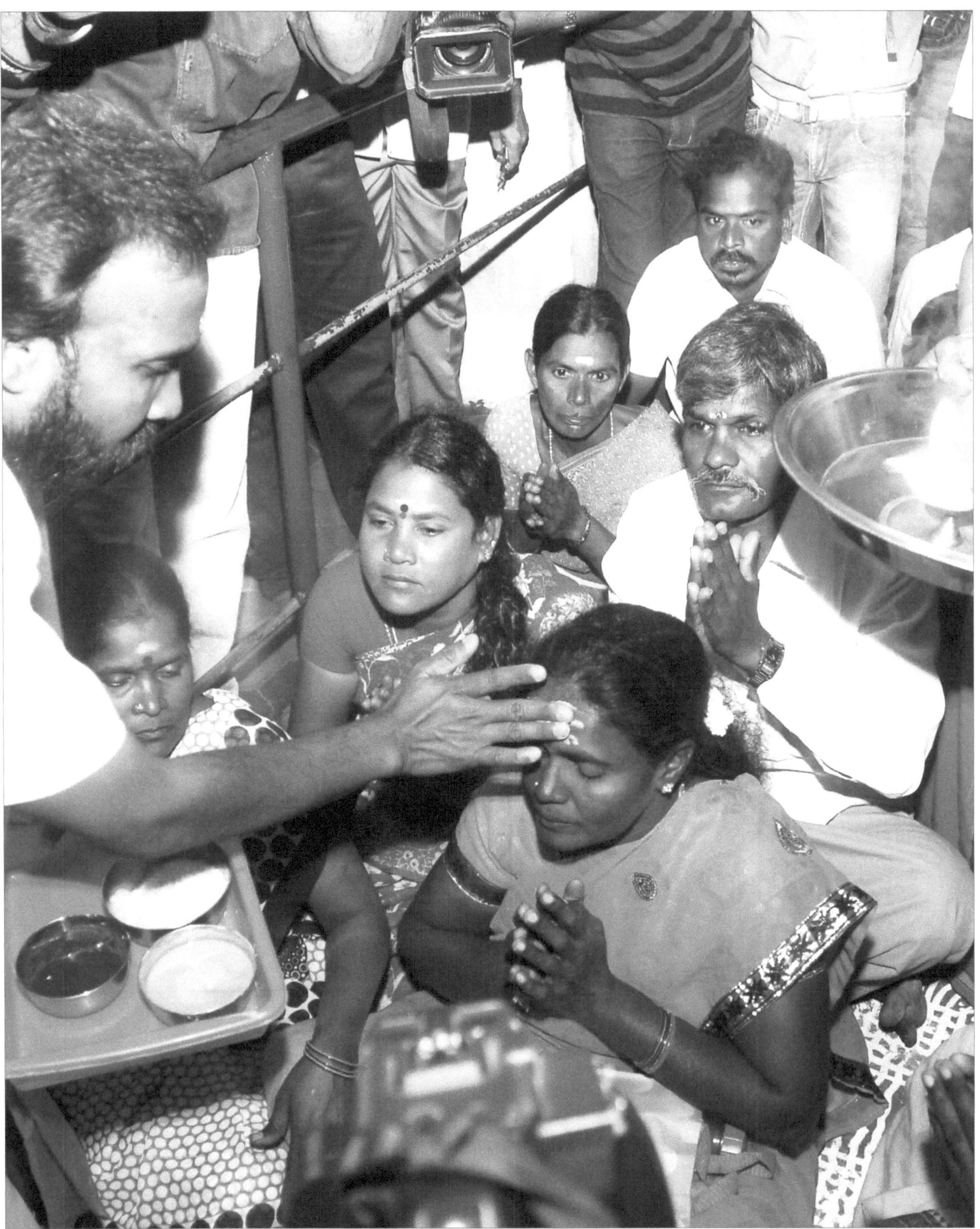

Hindu Outfit Organises Ghar Wapsi in Chennai; 11 Christians Embrace Hinduism © Ahmad Masood/Reuters; 2014

INDIEN: EIN LAND UND SEINE WIDERSPRÜCHE

Jean Drèze
Amartya Sen

Indien
Ein Land und seine Widersprüche

JEAN DRÈZE (AUTOR), AMARTYA SEN (AUTOR), THOMAS ATZERT (ÜBERSETZER),
ANDREAS WIRTHENSOHN (ÜBERSETZER)

Indien hat in den letzten 70 Jahren eine erstaunliche wirtschaftliche und politische Erfolgsgeschichte vorzuweisen. Zugleich herrschen in der größten Demokratie der Erde weiterhin krasse soziale Ungleichheit und großes Elend in den Unterschichten vor. Amartya Sen und sein Schüler Jean Drèze gehen in ihrer brillanten Analyse den Ursachen dieser Widersprüchlichkeiten auf den Grund. Diese durchaus kritische Betrachtung behandelt die allgemeine ökonomische, politische und gesellschaftliche Entwicklung Indiens von seiner Unabhängigkeit bis heute. Besondere Aufmerksamkeit erfährt hierbei die Rolle, welche die Einführung eines demokratischen Systems auf die Wirtschaft und das soziale Gefüge des einstigen Entwicklungslandes spielte. Anhand zahlreicher Beispiele und Vergleiche mit anderen Ländern führen die Autoren vor Augen, wie die Vernachlässigung sozialer Probleme letzten Endes gravierende Auswirkungen auf das ökonomische, aber auch politische System des Landes haben konnte.

Hardcover, 376 Seiten, Englisch, 2014, C.H.Beck; Originaltitel: An Uncertain Glory. India an Its Contradictions
ISBN-10: 3406670296
ISBN-13: 978-3406670299

U.S. Embassy in New Delhi, 1961 @ U. S. Library of Congress

Seit Modis Regierungsantritt schweigt er zu hindu-nationalistischen Themen und konnte sich so vom Paria auf der politischen Bühne zu einem international geschätzten Partner wandeln. Beachtlich für einen Mann, für den bis 2012 aufgrund des Gujarat Aufstands ein Einreiseverbot in die USA galt.

leben, zu einer Versammlung geladen. Es hieß, sie müssten sich für „Sozialleistungen" registrieren lassen. Als sie sich versammelt hatten wurde zu ihrem Erstaunen eine Götterstatue aufgestellt und religiöse Gesänge angestimmt. Am Ende des Rituals hieß es, dass sie zum Hinduismus konvertiert seien. (3) Drei Provinzen brachten es mit dem „Ghar Wapsi"-Programm auf über 8.000 Konversionen in wenigen Monaten. (4)

Solche Massenkonversionen von Christen und Muslimen sind seither keine Seltenheit und über die „Freiwilligkeit" gehen die Meinungen stark auseinander. Für Hindu-Nationalisten handelt es sich dabei jedenfalls um eine „Heimkehr", denn gemäß ihrer Logik sind diese Menschen in Wahrheit immer Hindus, die unter Zwang muslimischer Eroberer oder christlicher Missionare verführt worden sind. Die BJP fordert daher mit Nachdruck ein allgemeines Konversionsverbot für Hindus.

Modi schweigt zu den Vorwürfen, dass unter dem Dach der „Sangh Parivar", der sowohl BJP als auch RSS angehören, eine Kampagne zur Hinduisierung Indiens betrieben wird. Seit seinem Regierungsantritt schweigt er zu hindu-nationalistischen Themen und konnte sich so vom Paria auf der politischen Bühne zu einem international geschätzten Partner verwandeln. Beachtlich für einen Mann, für den bis 2012 aufgrund des Gujarat Aufstands ein Einreiseverbot in die USA galt.

Auch die Yoga-Popularisierung erscheint vor diesem Hintergrund zumindest fragwürdig. Wenn diese traditionellen Übungen weltweit schon so beliebt sind, dass ein Massenmarkt entstanden ist, warum sieht die Indische Regierung die Notwendigkeit beträchtliche finanzielle Mittel in die Bekanntheit von Yoga zu investieren? Warum müssen Schulen verpflichtet werden, sich daran zu beteiligen? Warum diese Massenmobilisierung?

Mit dem Welt-Yoga-Tag ist es der Regierung Modi gelungen, Yoga mit Nationalstolz und Tradition zu verknüpfen. Yoga wurde so zur Messlatte für Patriotismus. Die religiöse Konnotation, die BJP und RSS hineinweben, unterminiert Indiens säkulare Grundausrichtung. Als Instrument der Gesundheitspolitik wird von der BJP Yoga-Unterricht in Schulen und Universitäten gefordert. Die BJP hat es bereits geschafft, Yoga-Unterricht als Gesundheitsmaßnahme für Polizisten einzuführen. Funktioniert Yoga auch als „Heimkehr"-Programm? Der Historiker Dilip Simeon meint, dass Modi, BJP und Hindu-Nationalisten Yoga propagieren hat einen Grund: „It's the compulsory unification of thought and culture." (5)   «

LITERATURVERWEISE

(1) Bericht einer Bürgergruppe an den UN-Menschenrechtsrat, Genf, Universal Periodic Review Indien, 2012, vorgelegt vom Forum of Freedom for Religion, Bangalore, http://tinyurl.com/pc456nn

(2) Länderbericht Indien 2014, Kirche in Not Österreich

(3) Schwerin, Ulrich: „Heimführung oder Zwangsbekehrung? Konversion von Christen und Muslimen in Indien." Qantara, 9. 3. 2015; http://de.qantara.de/print/19419

(4) Deccan Chronicle, 28. Dezember 2014, http://www.deccanchronicle.com/141228/nation-current-affairs/article/ghar-wapsi-boom-telangana-state-andhra-pradesh

(5) Kumar, Sanjay: „International Yoga Day Sparks Controversy in India.", The Diplomat, 20. Juni 2015, http://thediplomat.com/2015/06/international-yoga-day-sparks-controversy-in-india/

WELCOME TO CHANDIGARH
THE CITY BEAUTIFUL

"Smart Cities" heißt auch in Indien die Devise der Stadtentwicklung. Chandigarh, die architektonische Musterstadt von Le Corbusier, einem der großen Star-Architekten des 20. Jhd., sollte 2016 als erste von landesweit 100 Städten in eine high-tech City umgebaut werden. Geplant als Gartenstadt nach europäischem Vorbild, mit weiten offenen Räumen, machte sich „City Beautiful", wie Chandigarh von den Indern gern genannt wird, auf ins high-tech Zeitalter...

WENN DAS LE CORBUSIER WÜSSTE...

New Chandigarh – Indiens erste Smart City.

TEXT: BERNHARD SEYRINGER

„Entering Chandigarh is a paradoxical experience, a mix of spatially overwhelming reality and Indian city in the potential mode." schreibt Andreas Vass 2015 in seinem Essay, der die Diskrepanz zwischen Le Corbusiers Plan und die gelebte Realität 65 Jahre nach Fertigstellung beschrieb. Man liest „Theory foresaw ..." und „reality however ..." Vielleicht ist Chandigarh eben ein greifbares Missverständnis zwischen der europäischen und indischen Auffassung von Gegenwart und Zukunft, Möglichkeit und Realität. Auf jeden Fall aber ist Chandigarh wichtiger Meilenstein in Premierminister Modis Wirtschaftsstrategie für Indiens Zukunft.

Chandigarh, die Planstadt eines Architekten, der sich ausdrücklich nicht um Gewohnheiten und Traditionen der Bewohner kümmerte, ist Le Corbusiers betoniertes Manifest, das er in der Theorie schon 1923 in „Vers une Architecutre" formuliert hatte. Er setzte bei der Stadt – die vor allem als Symbol für ein neues, freies Indien diente, das gegen alle Widrigkeiten der Realität entstand – auf Schichtbeton und Struktur. Nicht in Bezirke und deren Namen, sondern in nummerierte „Sektoren" gliedert sich Chandigarh. Die heutige Millionen-stadt plante Le Courbusier für 500.000 Bewohner, die in 60 solcher Sektoren – geometrisch perfekte Rechtecke, jedes 1200 Meter lang und 800 Meter breit – leben sollten. In jedem Sektor funktioniert das Alltagsleben weitgehend autark, es gibt Schulen, Arztpraxen, großzügige Grünflächen und Plätze.

Diese fundamentale Matrix ist nach Le Corbusiers Idee dem menschlichen Organismus nachempfunden – eine Stadt mit Kopf, Herz, Lungen, Kreislauf sowie Intelligenz. Der „Kopf" von Chandigarh sitzt in Sektor 1 mit oberstem Gerichtshof und Regionalparlament. Als „Herz" sollte ein pulsierender Sektor 17 entstehen, mit Einkaufsmeile und Unterhaltung. „Intelligenz" glaubte Le Corbusier der Stadt mit einem Universitätsviertel einhauchen zu können. Durch weitläufige freie Räume atmet die Stadt aus ihren großzügigen Parks und Plätzen, die „Lunge" Chandigarhs. Meist unter Hochdruck zieht der „Kreislauf" Tag und Nacht seine Bahnen über ein planmäßig säuberlich gegliedertes Straßensystem, dessen Teilnehmer sich nicht so recht dem Mastermind fügen wollen. Kühe ließen sich noch nie von Le Corbusier vorschreiben, wo sie grasen sollen, auch wenn der Verkehr dabei still steht. So gliedert   »

Chandigarh war gedacht als Regierungs- und Verwaltungsstadt. In Universitäten, Administration, tertiären Sektor, Handel, Dienstleistung und Creative Industries sollten neue Jobs entstehen, Tagelöhner abseits der Baustellen waren hier nicht eingeplant.

sich Chandigarh in die Funktionen Wohnen, Arbeiten und Erholen räumlich auf und hält seit 1952 ein Konglomerat aus Vision, Ideologie und deren Interpretation durch die Bewohner auf etwa 85 km² zusammen.

EIN DORF WIRD METROPOLE

Als man sich 1949 für die Errichtung Chandigarhs als neue Hauptstadt des Punjab entschied, trafen die größten Ambitionen auf die größten Widrigkeiten. Es mangelte an allem, was für ein solches Vorhaben notwendig scheint: Technologie, Wissen, Fachpersonal, Organisation und natürlich Geld. Man könnte fragen, ob ein solches Projekt unter diesen Bedingungen überhaupt möglich ist, ob nicht zumindest wirtschaftliche Prosperität notwendig wäre. Doch wie man sehen kann, wurde die Stadt trotzdem gebaut. Denn neben all diesen enormen Schwierigkeiten traten politische Notwendigkeiten.

Innerhalb weniger Monate wurden im neu entstanden Indien zehn Millionen Flüchtlinge (ohne Frauen) in der Punjab-Region gezählt, die versuchten in der neuen politischen Geografie zu überleben. Chandigarh war ein kleines Dorf, als ein wackliger Waffenstillstand zwischen Indien und Pakistan geschlossen wurde, Lahore, das spirituelle, kulturelle und wirtschaftliche Zentrum des Punjab für Indien verloren war und das Überbleibsel, Ost-Punjab, sich in religiösen und ethnischen Konflikten aufrieb. Mehrere Städte kämpften um die Vorherrschaft in dieser Region. Eine pragmatische Lösung wäre wahrscheinlich gewesen, einfach eine davon auszuwählen und zur Hauptstadt zu machen.

Pandit Jawaharlal Nehru entschied anders. Die Regierung Nehru, die 1947 aus der Teilung Indiens und Gründung des neuen Staates hervorging, war bekannt für ihre Zögerlichkeit, Wankelhaftigkeit, Fragilität und notorische Geldnot. Eine kleine Gruppe Techniker und Verwaltungsbeamte aus dem inneren Kreis des Premierministers Nehru

bekam die Aufgabe sich an die Entwicklung und Umsetzung von Chandigarh zu machen und die neue Hauptstadt der Region zu bauen. Nehru persönlich, sowie sein Planungsteam, P. N. Thapar und P. L. Varma, machten sich auf in Amerika und Europa nach geeigneten Architekten und Stadtplanern zu suchen. Der Schweizer Le Corbusier, damals wohl einer der bekanntesten Star-Architekten, war aber nur zweite Wahl, nachdem das amerikanische Team einen schweren Schicksalsschlag zum Opfer fiel.

DIE VISION: ZUKUNFT, MODERNE, HOFFNUNG?

Vielleicht auch aufgrund der Geschichte glauben Europäische Besucher oft in Chandigarh sozialen Wohnbau zu finden. Das ist nicht der Fall. Die Wohnbauten sind zwar – trotz Überarbeitungen, die Klima und Kultur der Region geschuldet sind – zweifellos in der europäischen und amerikanischen kommunalen Sozialbaukultur der Zwischenkriegszeit verwurzelt. Aber in den ersten zweieinhalb Jahrzehnten gab es so etwas wie sozialen Wohnbau in Chandigarh nicht. Politische Symbolik und gute Absichten in Ehren, aber zuerst ging es darum, die Verwaltung an die neue Stadt zu binden und eine lebendige Umgebung für Beamte zu erschaffen. Darüber hinaus wollte man die urbane Mittel- und Oberschicht anziehen, die durch den Kauf von Immobilien das Projekt finanzieren und die Wirtschaft ankurbeln sollte.

Nehru betrachtete Chandigarh nicht als Teil der Industrialisierung Indiens, sondern die neue Stadt sollte Lahore ersetzen. Chandigarh war gedacht als Regierungs- und Verwaltungsstadt. Eher sollten in Universitäten, Administration, tertiären Sektor, Handel, Dienstleistung und Creative Industries neue Jobs entstehen, Tagelöhner abseits der Baustellen waren hier nicht eingeplant. Das politische Symbol, Chandigarh, sollte vor allem chic sein. Das moderne großzügig angelegte Bauprojekt war auf die Querfinanzierung durch »

Primary school, 1961. Pierre Jeanneret, Sector 15 © Werner Feiersinger; in :„Chandigarh Redux", Verlag Scheidegger & Spiess, 2015,;

Town hall, 1961. Pierre Jeanneret, Sector 1 7© Werner Feiersinger; in :„Chandigarh Redux", Verlag Scheidegger & Spiess, 2015, Buchvorstellung siehe S. 36

In der Zwischenzeit könnte sich Le Corbusiers Chandigarh aber schon verflüchtigt haben. Die unschätzbaren architektonischen Meisterwerke der Moderne sind mittlerweile für ihren augenscheinlichen Verfall berühmt.

private Wohnbauinvestitionen angewiesen. Bevölkerungsschichten, die nicht in dieses elitäre Bild passten, wurden lange schlicht ignoriert.

Für den Bauplan wurde der „informelle" Sektor behindert und zurückgedrängt wo es ging. Die fehlende Industrialisierung führte zu Massen an Arbeitssuchenden, die die Wirtschaftssektoren der Stadt überfluteten. Diese Bevölkerungsschicht, die ums nackte Überleben kämpfte, passte weder zum Plan, noch zur Vision von Chandigarh. Die selbstgebauten Hütten wurden 1959 einfach als illegal erklärt. Nach heftigen Protesten und der Abwehr der Bulldozer, die schon zum Säubern anrückten, wurden in den günstigeren Wohnsektoren billige Mietwohnungen zur Verfügung gestellt. 1974 wurden die Hütten endgültig abgerissen.

Die Wohnungsnot, die bei weitem nicht nur die Ärmsten der Armen betrifft, ist bis heute ungelöst, aber nur auf den zweiten Blick sichtbar. In untervermieteten günstigeren Wohnbauten teilen sich oft mehrere Studenten ein kleines Zimmer. Man fragt besser nicht, wo Rikscha-Fahrer ihre Nächte verbringen. Die bis heute bestehende geringe Bebauungsdichte ist sicher ein wichtiger Grund für das Wohnraumproblem. Diese extrem niedrige Dichte und die Gliederung in Sektoren wurden schon in den ersten Plänen des amerikanischen Städteplaners Albert Mayer und seinem Architekten, Matthew Nowitzki, 1949/50 angelegt. Nachdem Nowitzkis Flugzeug 1950 bei der Rückreise von Indien abstürzte und der Architekt dabei ums Leben kam musste ein neuer Stadtplaner gefunden werden. So kam es, dass die indischen Planungsbeamten beim gebürtigen Schweizer, Le Corbusier, in Paris anklopften. Ab Dezember 1950 übernahm er die Planung. Und Le Corbusier plante und gestaltete die komplette Stadt von Grund auf – angefangen beim Grundriss bis zu den Straßenlaternen, von Häuserzeilen bis zu den Türklinken.

KÜHE UND IT

Fünfundsechzig Jahre danach sollte sich also die Stadt wieder neu zu erfinden. Chandigarh sollte nach einem neuen Plan eines neuen Premierministers wieder Symbol für ein neues Indien werden, das in das high-Tech Zeitalter aufbricht. Wie geht das im Chandigarh der Gegenwart vor sich? Wie weit ist der Weg von einer Stadt, wo Kühe, Rikscha-Fahrer und SUVs das Verkehrsgeschehen ebenbürtig mitbestimmen, zu einer smarten City mit IT-gesteuerten Ampeln und „intelligentem" Verkehrsfluss?

Modis Strategie sah vor, dass für die Smart City-Entwicklung ausgewählter Städte Indiens 75 % des Bruttoinlandsproduktes der nächsten 15 Jahre fließen sollte. Indiens Regierung hatte dabei nicht nur die technologische Hochrüstung im Sinn. Finanzminister Arun Jaitley hoffte, dass durch die Smart-City-Investitionen in Infrastruktur, die neben hi-Tech auch Bildung, Gesundheit und viele andere Bereiche der städtischen Versorgung betreffen, ausländische Investoren vermehrt angezogen würden. Für den Ausbau zur Smart City sollten die Städte so umgestaltet werden, dass ununterbrochen Strom und fließendes Wasser zur Verfügung stehen soll, eine Abfallbewirtschaftung und sanitäre Anlagen installiert werden, sowie Straßensanierungen.

„Smart" heißt in der indischen Vision aber selbstverständlich auch ein kräftiger Ausbau der Informations- und Kommunikationstechnologien und deren effiziente Nutzung in der Stadtverwaltung. Chandigarh sollte also Indiens erste Smart City werden, ausgerüstet mit einem Netzwerk an Sensoren, Kameras und IT-Infrastruktur.

Chandigarh hat die beste Gesundheitsversorgung in der Region. Trotzdem fehlt es an Apotheken, Krankenhausbetten und Sozialeinrichtung. Auch an der Ausstattung der Bildungseinrichtungen mangelt es. In manchen Schu-   »

CHANDIGARH REDUX

Le Corbusier, Pierre Jeanneret, Jane B. Drew, E. Maxwell Fry

HERAUSGEGEBEN VON MARTIN UND WERNER FEIERSINGER
MIT FOTOGRAFIEN VON WERNER FEIERSINGER UND EINEM BEITRAG VON ANDREAS VASS

Text in Englisch, Broschiert, 416 Seiten, 303 farbige und 4 sw Abbildungen 16 x 24 cm, ISBN 978-3-85881-762-4, CHF 49.00 / EUR 48.00

Umfassendes fotografisches Porträt vom heutigen Zustand von Le Corbusiers Planstadt in Indien

len müssen Kinder am Boden sitzen. Es fehlt an Lehrpersonal, Möblierung und auch Wasserversorgung bei den Toiletten zum Beispiel.

Für die für das Smart-City-Entwicklungsprogramm wurden Parameter erstellt, an denen die Entwicklungsziele in den verschiedenen Bereichen festgelegt sind. Einer der Parameter legt die Wasserversorgung zukünftiger Smart Cities mit 24 Stunden an sieben Tagen die Woche mit 135 Liter pro Person fest. Darüber hinaus soll es auch ein flächendeckendes Abwassersystem geben. Die Wasserversorgung Chandigarhs ist zwar zeitlich begrenzt – Wasser fließt zwischen 13 bis 15 Stunden pro Tag, am Nachmittag gar nicht – dafür aber reichlich: 280 Liter pro Person. Bisher konnte das Ziel nicht erreicht werden. Zwar steht den Bewohnern mittlerweile 2 Stunden mehr am Tag Wasser zur Verfügung, dafür fiel beachtliche 260 mal im Zuge des Ausbaus die Waserversorgung aus, manchmal so lange, dass man Mühe hatte das öffentliche Chaos im Zaum zu halten.

Chandigarh produziert täglich 379 Tonnen Müll. Etwa 100 Tonnen davon werden auf offenen Halden endgelagert. Die Müllabfuhr soll seit 2001 den häuslichen Abfall entsorgen, ging aber nie in Betrieb. Das letzte Mal wurde im Sektor 22 ein solches Projekt gestartet, das aber kurz nach dem Start wieder eingestellt wurde. Mittlerweile funktioniert zwar die Müllabfuhr, aber die einzige Müllverwertungsanlage hat 2017 zugesperrt. Seither wird der Müll, wie in fast allen Städten auf riesigen Deponien endgelagert. Im September 2019 wurden nun endlich Mittel für

sechs Schwerpunktprojekte der Smart-City Initiative für Chandigarh frei gegeben, die auch die Beseitigung dieser riesigen Müllhalden umfasst.

Smart Cities sind enorm wichtige Bausteine in Premierminister Modis Wirtschaftsplan für Indien. Seit 2015 liegt das erste Konzeptpapier für Chandigarh vor. Ganz oben auf der Liste stehen intelligente Straßenbeleuchtung und Verkehrsampeln, sowie hi-tech Überwachungskameras in allen Verkehrsampeln. Die Planer wünschten sich auch Wi-Fi-Zonen in der Stadt und e-Governance, das Serviceleistungen für die Bevölkerung abwickelt. Die e-Governance-Wunschliste hat man nun Pricewaterhouse übergeben, die 28 öffentliche Dienstleistungen digitalisieren sollen. Agmatel India Private Limited soll 90 smarte Klassenzimmer ausrichten.

ALTES UND NEUES CHANDIGARH

Ob allerdings Le Corbusiers Chandigarh die Kulisse für eine smarte City wird oder sich bis zu dahin verflüchtigt haben wird, bleibt spannend. Die unschätzbaren architektonischen Meisterwerke der Moderne sind mittlerweile für ihren augenscheinlichen Verfall berühmt. Raues Himalaya-Klima, Monsun, und nicht zuletzt die Gleichgültigkeit der Behörden sind für den teils gespenstischen Zustand kunstgeschichtlicher Architektur-Juwelen verantwortlich. Ein nicht unbeträchtliches Sümmchen konnten findige Kunsthändler auch schon mit ahnungslosen Beamten verdienen, die Le Corbusiers „mobile" Architektur billig ver-

Original furniture piled in storage at the High Court, Sector 1, Chandigarh, 2012 © Dr. Vikramaditya Prakash, Director Chandigarh Urban Lab;

scherbelten. Von Stühlen bis Kanaldeckel tauchte bis 2011 alles mögliche aus Chandigarh am internationalen Kunstmarkt auf. Bis sich eine Gruppe um Le Corbusiers damaligen Assistenten, Manmohan Nath Sharma, zusammentat und bei den lokalen Behörden und der britischen Botschaft auf den Ausverkauf von Chandigarhs Erbe aufmerksam machte. Seither widmeten die lokalen Behörden diesem Phänomen jedoch keine gesteigerte Aufmerksamkeit.

Trotzdem wissen die Bewohner Le Corbusiers Werk zu schätzen und nennen Chandigarh „City Beautiful". Diese Bezeichnung käme Beaux-Art verwöhnten Touristen aus Europa kaum in den Sinn, und sogar Architektur-Interessierte können mit Chandigarhs Charme oft wenig anfangen. Ariane Stürmer schrieb etwa im Spiegel über Chandigarh: „[...] fürs Auge gibt es nichts. Denn mit der Schönheit der Architektur ist es nicht weit her ... In [Le Corbusiers, Anm.] seiner Architekur stand das Praktische ganz weit über dem Schönen." „Fabian", der den Blog chandigarh.de betreibt, bringt das enttäuschende Erlebnis, das Touristen machen müssen, wenn sie zu viele Lobeshymnen in Architekturführrern gelesen haben, auf den Punkt: „Nur wer andere Städte in Indien besucht hat, den Moloch Delhi etwa, kann die Bezeichnung ´City Beautiful` nachvollziehen."

Bis heute aber bilden die vor der Sonne geschützten öffentlichen Räume, die moderne Konstruktion der Gebäude und die materiellen, hygienischen und räumlichen Verhältnisse das urbane Ideal für viele Inder. Chandigarh – ein gebautes Missverständnis für Europäer? Wer die Moderne sucht, wird sie hier nicht finden, und auch wer das Indien von heute entdecken will ist in der bürgerlichen Beamten-Metropole eher nicht am rechten Ort. Aber vielleicht findet sich hier in nicht all zu ferner Zukunft das Indien von morgen. Le Corbusiers Chandigarh ist eine paradoxe Erfahrung, erklärt Andreas Vass, ein Mix aus architektonischer Vision, indischem City-Life und dem charakteristischen offenen Raum für alles Mögliche. «

LITERATUR:

Das Essay von Andreas Vass, dem ein Großteil der Informationen über die Architektur Chandigarhs entnommen sind, ist nachzulesen in: „Candigarh Redux." Verlag Scheidegger & Spiess, Zürich, 2015;

Der Smart-Upgrade in Chandigarh wurde entnommen aus „The Tribune India": http://www.tribuneindia.com/news/sunday-special/kaleidoscope/prime-concern-how-chandigarh-will-change-as-a-smart-city/39231.html

Ariane Stürmer veröffentlichte ihre Architektur-Besprechung „Die perfekte Stadt" am 3. Dez. 2008 im Spiegel; http://www.spiegel.de/einestages/architektur-a-948037.html

„Fabians" Blog: chandigarh.de

Delhi © Studio Christ & Gantenbein; in: „Typology. Paris, Delhi, São Paulo, Athens. Review No. III", Verlag Scheidegger & Spiess, 2015;

Es ist eine beeindruckende Entwicklung gewesen für einen Mann, den die Medien über ein Jahrzehnt gehasst und dann als politischen Hoffnungsträger präsentiert haben. 13 Jahre lang hat Narendra Modi eine Hassliebe mit den Nachrichtenmedien gepflegt.

MODI UND DIE MEDIEN.

Eine Hassliebe, die die politische Macht über Medien zu nutzen weiß.

TEXT: CHIARA LORENZO

Als Ministerpräsident von Gujarat wurde er von den Journalisten verdammt, zensuriert und kritisiert, insbesondere für die Rolle, die er und einige, ihm nahestehende Personen in wichtigen Ministerien während der Aufstände in Gujarat spielten – oder gerade nicht spielten. Er entwickelte eine generelle Abneigung gegenüber liberalen, säkularen Journalisten, insbesondere aber gegenüber solchen in Mainstream-Medien. Modi schaffte es, die lokale Gujarti Presse mundtot zu machen.

In der Wahlkampagne 2014/15 legte sich Modi sogar offen mit den Journalisten an und nannte sie korrupt, parteilich und opportunistisch. Sein gesamter PR-Trupp hetzte gegen die Medien, die angeblich negativ gegenüber dem zukünftigen Premierminister eingestellt war. Als sich jedoch seine Chancen auf einen Wahlsieg verbesserten nutzte er geschickt seinen Vorteil. Bei seinen Wahlkampfauftritten drängte Modi die großen Massen seiner Anhänger offen ihre Begeisterung zu zeigen, damit die Nachrichtenmedien die „wahre" Stimmung im Land festhalten.

Zur selben Zeit überging Modi die Mainstream-Medien einfach, indem er zu den Menschen direkt über die sozialen Medien kommunizierte, mobile Plattformen und Außenwerbung nutzte. Soziale Netzwerke, Twitter und Facebook, wo er Millionen Follower hat, ermöglichten es ihm eine riesige Zahl an Erstwählern zu motivieren. Die Medien hielten daher den Atem an als sie auf den ersten Auftritt des neuen Premierminister Modi warteten, dessen Partei, Bharatiya Janata Party (BJP), im Mai 2014 mit überwältigender Mehrheit triumphierte und ins Unterhaus einzog.

DIE HASSLIEBE

Die Hassliebe zu den Medien dauert an. Auch als Premierminister nimmt sich Modi kein Blatt vor den Mund, wenn er über Journalisten wettert. Einmal verglich er sie mit Stubenfliegen, die Schmutz verbreiten. Er mahnte, dass Journalisten mehr wie Honigbienen sein sollten, die Honig produzieren aber auch stechen können. Dabei sollte sich die Botschaft festsetzen, dass die Medien vornehmlich positiv über die Regierung berichten, und nur ab und zu mal pieksen sollten. Wie jeder weiß, tut ein Bienenstich nicht besonders weh, anders aber ist es, wird man von einem ganzen Bienenschwarm attackiert.

Modi zieht die Glaubwürdigkeit der Journalisten in Zweifel indem er behauptet, dass sie nur Fragen stellen, um vordefinierte Antworten zu erhalten. „Das ist unsere Erfahrung bei Interviews … In den meisten Interviews stellt er Fragen, über deren Antworten er schon vorher entschieden hat." meinte Modi in einer Rede, in der er über 21 Jahre der TV Show „Aap ki Adalat" von Rajat Sharma, der zu Indiens prominentesten Journalisten zählt, Bilanz zog. Die Nationale Demokratische Allianz (NDA), das Parteienbündnis dem die BJP angehört und mit Modi den zweiten Premierminister in seiner Geschichte stellt, beschwert sich permanent über Medien, die absichtlich Unwahrheiten propagieren würden, z. B. dass die Regierung Verordnungen gegen Landwirte erlässt.

Mit der Einladung zum gemeinsamen Diwali Milan Mittagessen schien eine Wende einzusetzen. In der freundschaftlichen und informellen Atmosphäre des Diwali,   » ein hinduistisches Lichterfest, pries Modi die Journalisten in höchsten Tönen und posierte sogar für Selfies mit ein paar Reportern. Seit positiv über die Kampagne „Make in India" und die Zukunftsstrategie der Regierung berichtet wurde, passte Modi seine Haltung gegenüber der Presse an. Die Kehrseite des Stimmungsumschwungs war jedoch, dass Modi den Zugang zu Ministern und Beamten für die Medien abschnitt. Journalisten beklagen, dass niemand, außer den Pressesprechern, mit ihnen spricht.

Welche Einstellung hat Modi nun zur Presse? Was möchte er erreichen? Die kurze Antwort ist, dass Modi, wie viele Führungspersönlichkeiten, von sich selbst überzeugt ist und davon, dass er in der Lage ist, staatliche und private Medien als Propaganda-Instrumente umfunktionieren zu können. Er möchte, dass sie sich nach seinen Vorstellungen verbiegen und die Nachrichten vornehmlich die guten Taten der Regierung verbreiten. Mit „Medianama" ist die Blaupause für diesen Plan online. Modis Vision umfasst jedoch alle Medien – Prasar Bharti (PB), Doordarshan (DD), All India Radio (AIR), private TV-Sender, Zeitungen, die sozialen Medien, ja sogar Gemeinde-Radiostationen.

ÖFFENTLICH-RECHTLICHE MEDIEN

Das Misstrauen gegenüber öffentlich-rechtlichen Medien geht schon auf die Zeit vor seiner Wahl 2014 zurück. Die öffentlich-rechtlichen Stationen, besonders PB, DD und AIR, wurden von Modri sehr kritisch beobachtet. Es überraschte wenig, als er nur einige Monate nach seinem Amtsantritt A Surya Prakash für die Leitung von PB bestellte. Praksh ist ein ehemaliges Mitglied der Vivekananda International Foundation (VIF), laut eigener Website eine „unabhängige, überparteiliche Institution" und ein „Thinktank von Vivekananda Kendra in New Delhi".

Vivekananda Kendra ist der spirituelle Zweig des Hindu-Nationalismus und überschwemmt Indien mit freiwilligen Adepten und Yoga-Zentren. Die VIF wiederum wurde von Rashtriya Swayamsevak Sangh (RSS) gegründet, der „nationalen patriotischen Organisation". RSS ist weltweit die größte nicht-Regierungsorganisation. Die freiwilligen, vielfach auch ehrenamtlichen Mitglieder haben sich dem selbstlosen Einsatz für Indien verschrieben, vornehmlich durch „Hindu-Disziplin" und die Einigung der „Hindu-Gemeinschaft".

Eknath Ranade, Gründer der VIF im Jahr 1970, war schon als Schulkind Mitglied der RSS und wuchs zu einer ihrer großen Führungspersönlichkeiten heran. Über ihn hat die VIF enge Beziehungen zu Sangh Parivar („Familie der Sang", eine nationalistische Hinu-Organisation) und die BJP. Modis Verbundenheit mit der VIF zeigt sich auch darin, dass Mitglieder seines inneren Kreises – z. B. Ajit Doval, Berater für nationale Sicherheit, Nripendra Mishra, und PK Mishra, Generalsekretär des Premierministers – mit der Foundation in Verbindung stehen.

Prakash, der mit der Leitung von PB auch beträchtliche Macht in den beiden anderen öffentlich-rechtlichen Sendern, DD und AIR, inne hat, beteuerte in seinen Reden, dass er die Eigenständigkeit der Medienhäuser ausbauen und ihre Arbeit professionalisieren will. Die PB ist immer ein politischer Spielball gewesen, der, u. a. wegen der beträchtlichen öffentlichen Budgets, die hier versickerten, von regierenden Parteien kontrolliert wurde. Während in internationalen Medien 70 Prozent des Budgets in Programm und Inhalte fließen, sind es nur bescheidene 15 Prozent bei DD und AIR.

Allein die Besetzung von Journalisten-Posten bei DD spricht für sich: 2010 wurden von 30 Journalisten-Stellen mindestens 24 an politische Günstlinge vergeben, etwa enge Verwandte von (ehemaligen) Kongressabgeordneten und Minister. Zwei Tage vor der Anhörung der Kandidaten wurde die Liste von 30 auf 35 Kandidaten erweitert, um noch Bewerber mit entsprechenden Beziehungen unterzubringen, darunter auch z. B. Anika Kalra Kalha, die wegen mangelnder Qualifikation zuerst nicht auf die Liste kam, bis der Vorsitzende der Aufsichtsbehörde der öffentlich-rechtlichen Medien (Prasar Bharati) persönlich mit ihr den Zulassungstest durchführte. Kalha: "Mr. Lalli himself took my audition in reporting skills test. I have the letter inviting me...I even remember the questions I was asked about the markets,"

Dem Ruf nach Eigenständigkeit und Professionalisierung der öffentlich-rechtlichen Anstalten, den Prakash in seiner Vision für die öffentlich-rechtlichen Medien formuliert, ist sicher zuzustimmen. Aber seine Verbindungen zum ideologischen Think Tank der Hindu-Nationalisten und Modis BJP lassen vermuten, dass man hier, wie so oft in Indien, zwischen den Zeilen lesen muss.   «

Lepcha farmer at home in a Lepcha tribe house, animals live downstairs, family upstairs, 1965 © Kandell, Alice S., U. S. Library of Congress;

A young girl swinging on a handcrafted swing, Sikkim, 1969; © Kandell, Alice S., U. S. Library of Congress

Die Bilanz des Landes und seiner Rolle als ein Pionier demokratischen Regierungshandelns in der nicht-westlichen Welt werden als Leistung allgemein gewürdigt. Ebenso das grundlegende Faktum, sich als säkularer Staat behauptet zu haben, trotz der Herausforderungen, die eine multi-religiöse Bevölkerung mit sich bringt, und vor dem Hintergrund der überaus problematischen und durch Gewalt geprägten Geschichte gegen Ende der britischen Herrschaft auf dem Subkontinent. Zu den Erfolgen gehört nicht zuletzt das kräftige Wirtschaftswachstum der vergangenen Dekade, das Indien im weltweiten Vergleich auf Platz zwei der am schnellst-expandierenden großen Volkswirtschaften brachte.

EIN NEUES INDIEN

TEXT: JEAN DRÈZE, AMARTYA SEN*

Ungeachtet der großen Erfolge, erscheint der Glanz des heutigen Indien zutiefst unbeständig. Historisch betrachtet sind die Erfolge zweifellos enorm, insbesondere im Vergleich zu 1947, als das Land die Unabhängigkeit erlangte. Indien trat damals aus der auf ihm lastenden Kolonialherrschaft heraus, an der die Machthaber des Britischen Empire unerschütterlich festgehalten hatten; eine Übertragung tatsächlicher Verantwortung hatte vor dem endgültigen Abzug der Briten kaum stattgefunden, und man konnte zu jener Zeit durchaus Zweifel an Indiens Fähigkeiten hegen, funktionierende demokratische Verhältnisse zu etablieren. Eine zweite Herausforderung bestand darin, die Gefahr des Versinkens im Chaos, eskalierender Konflikte oder gar des gewalttätigen Auseinanderbrechens des Landes abzuwenden. In Indien existiert eine lange, Jahrtausende währende Geschichte kultureller Affinitäten, und der Unabhängigkeitskampf trug dazu bei, eine ausgeprägte Einheit der Nation zu schaffen. Und dennoch lieferten die – sprachlichen, religiösen, ethnischen – Unterschiede und

Trennungslinien innerhalb des Landes Skeptikern gute Gründe zu befürchten, das Staatswesen werde angesichts des Fehlens einer autoritären Herrschaft zerfallen. Insbesondere die unmittelbar vor der Unabhängigkeit erfolgte chaotische Aufteilung des kolonialen Indien in die beiden Staaten Indien und Pakistan nährte die berechtigte Sorge, es könne zu weiteren gewaltsamen Abspaltungen kommen.

All diese Bedenken indes erschienen in gewisser Weise als Nebensache und wurden überschattet durch die Armut des Landes, die eine allgemein bekannte Tatsache war – so bekannt, dass Eltern in Europa und Nordamerika ihre Kinder ermahnten, an „die hungernden Inder" zu denken, wenn sie den Teller leer essen sollten. Tatsächlich kam es 1943, gerade einmal vier Jahre vor dem Ende der Kolonialherrschaft, in Indien zu einer gewaltigen Hungersnot, bei der zwischen zwei und drei Millionen Menschen starben.

ERFOLGE UND CHANCEN

Trotz der wenig aussichtsreichen Anfänge konnte das gerade unabhängig gewordene Indien schon bald eine   »

* Textauszug mit freundlicher Genehmigung des Verlages aus: „Indien: Ein Land und seine Widersprüche" von Jean Drèze und Amartya Sen, C. H. Beck Verlag, 2014

Reihe wichtiger politischer und wirtschaftlicher Erfolge verzeichnen. Die mutige Entscheidung, nach Jahrhunderten der Kolonialherrschaft mit Entschiedenheit unmittelbar den Schritt in eine demokratische staatliche Zukunft zu wagen, erwies sich als vernünftig und tragfähig.

Indien demonstrierte recht eindrucksvoll, wie Demokratie ungeachtet einer Vielzahl von Sprachen, Religionen und Ethnien gedeihen kann. In begrenztem Umfang, auch das ist festzuhalten, kommt es vor, dass demokratische Normen nicht beachtet werden, beispielsweise wenn die Zentralregierung militärische Mittel einsetzt, um Unruhen in Randgebieten zu unterdrücken, und zweifellos muss sich da etwas ändern, nicht nur in der Peripherie. Doch alles in allem gibt es gute Gründe, den deutlichen Erfolg einer säkularen Demokratie in Indien als eine wichtige Errungenschaft anzusehen.

Was die Ökonomie anbelangt, bedeutete das volkswirtschaftliche Wachstum Indiens, obgleich es nach Erlangung der Unabhängigkeit mit rund 3,5 Prozent jährlich mehrere Jahrzehnte lang eher verhalten ausfiel, insgesamt einen immens großen Schritt nach vorn, vor allem angesichts des annähernden Nullwachstums (bisweilen sogar Schrumpfens), das in der Kolonialzeit die Regel war. Die lang anhaltende wirtschaftliche Stagnation endete unmittelbar mit dem Schritt in die Unabhängigkeit.

Nach zweihundert Jahren Kolonialherrschaft, die mit fast vollständiger wirtschaftlicher Stagnation einhergegangen waren, rüstete sich die indische Volkswirtschaft, die notorisch quälende Armut zu bekämpfen. Das gleichzeitige Durchsetzen und Konsolidieren demokratischer Verhältnisse in einem der ärmsten Länder der Welt machen Indiens Erfolge umso bemerkenswerter. Zudem etablierte sich das Land als ein Zentrum der Innovation auf einigen bedeutenden Feldern der Weltwirtschaft, so nicht nur im Bereich der Informationstechnologie und benachbarter Branchen, sondern auch – nicht weniger bemerkenswert – als einer der großen Anbieter von billigen und zugleich zuverlässigen Medikamenten für die Armen der Welt. Wie ein Leitartikel in der New York Times im April 2013 formulierte, ist „Indien der weltgrößte Anbieter von Generika", und in der indischen Pharmaindustrie getroffene strategische Weichenstellungen „berühren potenziell Milliarden von Menschen weltweit".

Den wirtschaftlichen Fortschritt begleitete ein bedeutender gesellschaftlicher Wandel. Die Lebenserwartung liegt heute in Indien mit rund 66 Jahren mehr als doppelt so hoch wie 1951, als sie 32 Jahre betrug; die Säuglingssterblichkeit sank im gleichen Zeitraum auf rund ein Viertel des damaligen Werts (44 Sterbefälle je tausend Lebendgeburten heute gegenüber rund 180 im Jahr 1951); die Alphabetisierungsrate von Frauen stieg von neun auf heute 65 Prozent. Tatsächlich lassen sich bedeutende Verbesserungen für zahlreiche Sozialindikatoren belegen, die zu der Zeit, als Indien seine Unabhängigkeit erlangte, noch miserable Werte offenbarten. All dies steht im Gegensatz zu den düsteren Prognosen, die in den fünfziger und sechziger Jahren Indiens Zukunft vor allem durch Hunger und Elend bestimmt sahen. Ein wichtiger politischer Erfolg ist, dass im politischen Leben der Demokratie auch Menschen aus zurückgesetzten Bevölkerungsgruppen, Frauen, Minderheiten, benachteiligte Kasten, allmählich führende Rollen einnehmen. Es gibt weiterhin enorme Ungleichheiten, und viele Formen von Ausschluss bestehen unvermindert fort, doch wenn es selbst im hierarchisierten Bereich der Politik zu bedeutsamen Veränderungen kam, ist das zweifellos ein Grund, daran zu glauben, dass mehr – viel mehr – möglich sein sollte.

Im Hinblick auf die Demokratie ist auch die Entwicklung einer vielfältigen freien Medienlandschaft, wie sie sich seit der Unabhängigkeit herausgebildet hat, ein Grund zur Freude. Indien kann stolz sein auf die gewaltige Auflagenhöhe seiner Zeitungen (die weltweite Spitze ist) sowie die unüberschaubare Zahl von Radio- und Fernsehstationen, die unter anderem viele Perspektiven auf die aktuelle Politik (häufig rund um die Uhr) bieten. Zweifellos wurden auf diesem Gebiet demokratische Chancen erfolgreich ergriffen. Gleichzeitig stärkte dies das Funktionieren auch anderer demokratischer Institutionen, nicht zuletzt freie Wahlen und das Mehrparteiensystem.

Wenn wir vom Versagen der Medien sprechen, geht es vor allem darum, dass es kein ernsthaftes Bemühen gibt festzustellen, welche tatsächlichen Ungerechtigkeiten und Unzulänglichkeiten das wirtschaftliche und gesellschaftliche Leben aufweisen. Häufig fehlt es (mit einigen löblichen Ausnahmen) an wirklichem Qualitätsjournalismus, der die mediale Aufmerksamkeit für die Einschränkungen und Entbehrungen im Leben vieler, wenn nicht der   »

Boy playing with kite, Sikkim 1965; © Kandell, Alice S., U. S. Library of Congress meisten Menschen im Land erhöhen würde. Stattdessen präsentieren die Medien glitzernde Bilder von Privilegierten und Erfolgreichen.

UNERLEDIGTE AUFGABEN

Ein demokratischer Umgang mit Defiziten setzt ganz wesentlich voraus, ernste Probleme, die einer Lösung harren, öffentlich anzuerkennen und umfassend zu erörtern. Angesichts des in jüngster Zeit zu verzeichnenden und zu Recht vielgelobten rasanten Wirtschaftswachstums in Indien ist es extrem wichtig darauf hinzuweisen, dass die gesellschaftliche Reichweite des ökonomischen Vorankommens bemerkenswert beschränkt blieb. So vergrößerten sich in den vergangenen Jahren die Ungleichheiten in der Einkommensverteilung (ein Merkmal, das Indien mit China teilt), während gleichzeitig der in China zu beobachtende deutliche Reallohnzuwachs, von dem die arbeitenden Klassen in erheblichem Maße profitieren konnten, in Indien vollkommen ausblieb, wo die Reallöhne mehr oder minder stagnierten. Von Bedeutung ist darüber hinaus, dass die im Gefolge des Wachstums gestiegenen Einnahmen der öffentlichen Hand nicht dazu verwendet wurden, die soziale und materielle Infrastruktur gezielt und wohlüberlegt auszubauen; auch in diesem Punkt fällt Indien weit hinter China zurück. Nach wie vor bestehen Defizite bei der sozialen Grundversorgung eines Großteils der Bevölkerung, angefangen von Einrichtungen des Bildungs- und Gesundheitswesens bis zur Bereitstellung sauberen Trinkwassers und zur Abwasserentsorgung. Indien überholte andere Länder zwar beim Anstieg der Realeinkommen, fiel aber selbst wiederum im Hinblick auf zahlreiche Sozialindikatoren hinter andere, auch südasiatische Länder, zurück.

Indien hat in den vergangenen Jahren, um einen exemplarischen Vergleich zu machen, beim Wachstum des BIP beträchtlich zu China aufgeschlossen, dennoch blieb die Entwicklung bei Indikatoren wie Lebenserwartung, Alphabetisierung, Unterernährung von Kindern oder Müttersterblichkeit deutlich hinter dem großen Nachbarland zurück. Im rein südasiatischen Vergleich gelang es dem viel ärmeren Bangladesch, bei einer Reihe von Sozialindikatoren, darunter Lebenserwartung, Impfschutz, Säuglingssterblichkeit, Unterernährung von Kindern und schulische Ausbildung von Mädchen, Indien einzuholen. Selbst

Nepal konnte so weit aufholen, dass es heute bei vielen Sozialindikatoren gleichauf mit Indien rangiert, ungeachtet eines sich gerade einmal auf ein Drittel belaufenden Pro-Kopf-BIP. Konnte Indien vor zwanzig Jahren bei den wichtigsten Sozialindikatoren noch die zweitbeste Bilanz der sechs südasiatischen Länder (Indien, Pakistan, Bangladesch, Sri Lanka, Nepal und Bhutan) vorweisen, steht es heute auf dem vorletzten Platz, und nur das problematische Pakistan schneidet schlechter ab. Während Indien beim Pro-Kopf-Einkommen die Leiter emporkletterte, rutschte es bei den Sozialindikatoren steil ab.

Angesichts der Entwicklungs- und Gleichheitsziele, für die für Indien während des Ringens um seine Unabhängigkeit eintrat, muss diese Bilanz zweifellos als enormer Misserfolg gelten. Das dem Wirtschaftswachstum entspringende Einkommen findet sich sehr ungleich verteilt, und auch neu geschaffene Ressourcen flossen keiner Verwendungsweise zu, die geeignet wäre, die gewaltige soziale Benachteiligung der gesellschaftlichen Randgruppen abzubauen. Die demokratische Öffentlichkeit interessierte sich für andere Fragen als dafür, die großen Ungerechtigkeiten zu beheben, die das heutige Indien kennzeichnen. Es bleibt daher noch viel zu tun, will man die Früchte des Wirtschaftswachstums sinnvoll nutzen, um die Lebensverhältnisse der Bevölkerung zu verbessern und die gewaltigen Ungleichheiten abzubauen, die Indiens Wirtschaft und Gesellschaft charakterisieren. Die Geschwindigkeit des Wirtschaftswachstums beizubehalten oder noch zu steigern kann in diesem Sinne nur ein Aspekt eines deutlich weitergesteckten Bemühens sein.

ENERGIE UND INFRASTRUKTUR

Das Fortbestehen gewaltiger Ungleichheiten im indischen Alltagsleben aufgrund von Herkunft und Hintergrund ist das eine große Problem, das viel mehr öffentliche Aufmerksamkeit und politisches Engagement erfordert. Ein andres sind zweifellos die folgenschweren Versäumnisse von Behörden und Verwaltungen. Die Menschen in Indien sind damit in der einen oder anderen Form tagtäglich konfrontiert, auch wenn das Ausmaß des systematischen Versagens nur phasenweise ins allgemeine Bewusstsein tritt, so etwa, als am 30. und 31. Juli ein Stromausfall im halben Land die Lichter ausgehen ließ und 600

Millionen Inderinnen und Inder ins Chaos stürzte. Ein unerträgliches Drunter und Drüber im Krisenmanagement und erschreckende soziale Ungleichheiten kamen zusammen. Ein Drittel der 600 Millionen Betroffenen hatte noch nie über einen Stromanschluss verfügt, was die Ungleichheiten im modernen Indien illustriert, und für die anderen zwei Drittel fiel der Strom ohne jede Vorwarnung aus, Ausdruck der Desorganisation im Land.

Die Energieversorgung in Indien ist äußerst mangelhaft, was durch den großen Blackout unübersehbar belegt wurde. Netzausfälle – sogenannte Lastabwürfe von Seiten der Netzbetreiber veranlasst, um durch Abschaltungen den Betrieb zu „organisieren", statt ihn stabiler auszubauen – ereignen sich tagtäglich an zahlreichen Orten überall im Land, ohne dass ihnen über die jeweils in Mitleidenschaft gezogenen Gemeinden hinaus viel Beachtung geschenkt würde; für die unmittelbar Betroffenen hat dies keine geringeren Auswirkungen als der große Ausfall 2012, auf den sich die Augen der Welt richteten. Zudem verfügt, wie erwähnt, rund ein Drittel der indischen Bevölkerung über keinen Stromanschluss, während es in China lediglich ein Prozent sind.

Das desolate Bild, das der Energiesektor bietet, ist indes nur ein Aspekt der bedenklichen Nachlässigkeit, mit der man in Indien die Notwendigkeit einer gut ausgebauten Infrastruktur hintanstellt. Ähnliche Defizite offenbaren sich bei der Wasserversorgung, der Abwasser- und Müllentsorgung, im öffentlichen Nah- und Fernverkehr sowie bei einer Reihe weiterer Bereiche. Letztlich sind die materielle wie die soziale Infrastruktur im Land in Schwierigkeiten, und eine gute und praktikable Lösung scheint nicht in Sicht. Auch in dieser Hinsicht können die Unterschiede zu China nicht deutlicher ausfallen. In diesen Tagen mehren sich überall im Land die Stimmen, die fordern, Indien solle dem Vorbild Chinas folgen und endlich die Probleme in Angriff nehmen, die mit einer schlechten Infrastruktur einhergehen. Tatsächlich ist von China viel zu lernen, doch bei nicht wenigen der von überall her erteilten guten Ratschläge ist festzustellen, dass ihre Verfechter das Bild eines Landes zeichnen, das so in Wirklichkeit nicht existiert. Beispielsweise wird häufig geltend gemacht, der indische Staat solle sich vollständig aus der Energiewirtschaft zurückziehen, wie das angeblich die chinesische Führung getan habe; auch könne Indien „privatisieren und gedeihen"! Zweifellos kann die Privatwirtschaft bei der Energieerzeugung, beim Netzausbau und bei der Distribution eine wichtige Rolle spielen, insbesondere wenn der Wettbewerb funktioniert, und dennoch bedarf dies der Koordination und Kontrolle durch den Staat, da es unbestreitbar Aufgaben gibt, mit denen wenig oder kein Geld zu verdienen ist, die von der Energiewirtschaft aber gleichwohl übernommen werden müssen – beispielsweise den Anschluss entlegener Gebiete, verbunden mit hohen Kosten.

Im Übrigen ist die Privatisierung des Energiesektors etwas, das in China mit Sicherheit nicht stattgefunden hat. Sowohl dort als auch in Indien ist die Energiewirtschaft staatlich gelenkt; in beiden Ländern übernehmen freilich Privatunternehmen bestimmte Aufgaben in diesem Sektor. Die Unterschiede liegen anderswo, und zwar zum einen in der Art und Weise, wie Staatsunternehmen und Planung in China funktionieren, zum anderen in dem Umstand, dass China über einen langen Zeitraum wesentlich mehr, insgesamt doppelt so viel, in den Energiesektor investiert hat als Indien, sowohl absolut gesehen als auch im Verhältnis zur Höhe des BIP. Ähnliches gilt in vielen anderen Bereichen der infrastrukturellen Versorgung. Der Hauptunterschied zwischen China und Indien zeigt sich eher in der Effektivität und Zuverlässigkeit der staatlichen Leistungen als im Ausmaß der Privatisierung.

Selbst auf die Gefahr hin, stark zu vereinfachen, lässt sich feststellen, dass der bislang unerfüllten Agenda „politischer, wirtschaftlicher und sozialer Demokratie", wie sie zu der Zeit, als Indien unabhängig wurde, beschworen wurde, weiterhin vor allem zwei Hindernisse entgegenstehen: 1) die anhaltende Disparität zwischen den Lebensverhältnissen der privilegieren Schichten und denen der übrigen Bevölkerung sowie 2) die notorische Unfähigkeit und Verantwortungslosigkeit, die in der indischen Wirtschaft und Gesellschaft walten.

DIE DEMOKRATISCHE PRAXIS

Der Vergleich Indiens mit China bietet sich zweifellos an, gerade um den Vorsprung zu untersuchen, den China in zahlreichen wichtigen Bereichen der Entwicklung　　»

Delhi, 2010 © Lindsay Henson, Human Rrights Law Network, India

genießt – einschließlich des Ausbaus einer sozialen und materiellen Infrastruktur, der für die wirtschaftliche und gesellschaftliche Entwicklung unabdingbar ist. Es gibt daher zweifellos vieles, was Inder an China interessieren müsste. Tatsächlich sprechen praktisch alle sozialwissenschaftlichen Indikatoren, die üblicherweise internationalen Vergleichen zugrunde gelegt werden, also etwa die des Human Development Report der Vereinten Nationen oder die Liste der Millenium-Entwicklungsziele, für China und gegen Indien, und dementsprechend besitzt eine Gegenüberstellung beider Länder mit Blick nicht allein auf Chinas Vorsprung beim Wachstum des Pro-Kopf-BIP im Hinblick auf die Entwicklungsanstrengungen Indiens beträchtliche Aussagekraft.

Allerdings besteht durchaus Grund zur Vorsicht, da vieles, was die Menschen in Indien wie in China umtreibt, in den vergleichenden Tabellen von Sozialindikatoren und Wachstumsraten nicht auftaucht. Die meisten Inder begrüßen offenbar die demokratischen Strukturen des Landes, also etwa das Mehrparteiensystem, freie und gleiche Wahlen, weitgehend unzensierte Medien, eine grundsätzlich garantierte Meinungsfreiheit oder die Unabhängigkeit der Justiz und andere Kennzahlen einer lebendigen Demokratie. Auch wenn sich das Funktionieren der demokratischen Institutionen in Indien nach wie vor kritisch betrachten lässt – und wir gehören sicherlich zu den Kritikern –, ist nicht zu leugnen, dass eine große Diskrepanz besteht zwischen dem, was viele andere Länder, einschließlich China, in dieser Richtung vorzuweisen haben.

Meinungsfreiheit ist an sich wertvoll, die meisten Menschen schätzen sie. Zugleich ist sie ein unverzichtbares Instrument politischer Demokratie, das die mögliche und tatsächliche Partizipation der Bevölkerung stärkt. Ein Interesse an gesellschaftlicher und politischer Partizipation scheint heute bis in die ärmsten Schichten der indischen Bevölkerung hinein zu bestehen.

Beim Vergleich Indiens mit China fallen noch weitere politische und rechtliche Unterschiede ins Auge, beispielsweise was den Einsatz des Strafrechts und die vom Gesetz vorgesehenen Strafen anbelangt, einschließlich der Todesstrafe. In China wurden häufig binnen einer Woche mehr Menschen hingerichtet als in Indien seit Erlangung der Unabhängigkeit 1947. Wenn wir die Lebensqualität in Indien und China umfassend vergleichen wollen, können wir uns nicht auf die üblicherweise verwendeten Sozialindikatoren beschränken. Und es gibt Gründe, die demokratischen Verhältnisse anzuerkennen, die Indien zu realisieren bislang in der Lage war, auch wenn wir mehr praktizierte Demokratie im Land fordern.

Gleichzeitig müssen wir aber auch im Auge behalten, wo Indien bislang an Schranken stieß, und fragen, wie demokratische Freiheiten und weitere Anstrengungen, jene Schranken zu überwinden, miteinander vereinbar sind. Beispielsweise entzündeten sich in jüngster Zeit jede Menge politische Debatten und aufgeregter Auseinandersetzungen an der weit verbreiteten Korruption im Land. Zweifellos stellt sie ein großes Problem dar, doch wäre es lächerlich, die Demokratie dafür verantwortlich zu machen – tatsächlich haben auch viele nichtdemokratische Länder, einschließlich China, unter massiver Korruption zu leiden. Das Problem lässt sich auch nicht, wie manchmal vorgeschlagen wird, durch undemokratische Mittel lösen, etwa durch Schnellverfahren und drankonische Strafen für alle an korrupten Machenschaften Beteiligten.

Der Vergleich Indiens mit China wirft noch weitere Fragen auf, die wir streifen möchten. Da China im Großen und Ganzen sein Wirtschaftswachstum viel erfolgreicher als Indien einsetzte, um die öffentliche Versorgung und die gesellschaftliche Infrastruktur auszubauen, ließe sich fragen, ob Indiens demokratisches System letztlich ein Hindernis darstellt, wenn es darum geht, die Früchte des Wachstums zu genießen und die sozialen Entwicklungen im Gesundheits- und Bildungswesen oder in anderen Bereichen zu stärken.

Die Antwort auf diese Frage umweht unweigerlich ein Hauch von Nostalgie. Als Indiens Volkswirtschaft noch sehr geringe Wachstumsraten aufwies, wie es bis in die achtziger Jahre hinein der Fall war, lautete ein unter Kritikern weitverbreitetes Argument, die Demokratie sei einem schnellen Wachstum abträglich. Nur schwer ließen sich solch demokratieskeptische Stimmen überzeugen, es komme, um das Wachstum zu beschleunigen, darauf an, das Wirtschaftsklima zu verbessern, statt auf mehr Strenge im politischen System zu setzen. Die Debatte über den vermeintlichen Gegensatz von Demokratie und Wirtschaftswachstum darf heute als beendet gelten, nicht zuletzt aufgrund der hohen Wachstumsraten im demokratischen Indien, doch was ist mit der Behauptung, die Demokratie stehe den Möglichkeiten entgegen, die Früchte des Wirtschaftswachstums für den sozialen Fortschritt einzusetzen?

Wohin ein demokratisches System steuert, hängt hauptsächlich davon ab, welche Fragen politisch in den Vordergrund treten. Manche Probleme sind äußerst einfach zu politisieren, beispielsweise eine Hungerkatastrophe (deren neuerliches Auftreten ein gefestigtes demokratisches System aller Wahrscheinlichkeit nach verhindern wird), während andere, weniger besorgniserregende oder dringliche Probleme den Weg auf die politische Agenda viel schwerer finden. Fragen wie Mangelernährung, die fortbestehende Diskriminierung aufgrund des Geschlechts oder der Kastenzugehörigkeit oder durch das Fehlen einer geregelten medizinischen Versorgung für alle sind viel schwieriger in den Fokus der Aufmerksamkeit zu rücken, und über Erfolg und Misserfolg entscheiden hier vor allem Umfang und Nachdruck des demokratischen Engagements. Bei einigen dieser Themen haben allerdings entschiedene demokratische Anstrengungen in den vergangenen Jahren zu beträchtlichen Fortschritten geführt, etwa im Hinblick auf bestimmte Aspekte geschlechtlicher Herabsetzung. Dessen ungeachtet bleibt es noch ein langer Weg, all die gesellschaftlichen Benachteiligungen und Ungerechtigkeiten anzugehen, unter denen viele Menschen in Indien nach wie vor leiden. »

*A guide to understanding the inner workings and out er lA guide to understanding the inner workings and outer limits of technology and why we should never assume that computers always get it right.

Making a case against technochauvinism—the belief that technology is always the solution—Broussard undertakes a series of adventures in computer programming.

Meredith Broussard

ARTIFICIAL UNINTELLIGENCE. HOW COMPUTERS MISUNDERSTAND THE WORLD.

MIT Press, 2019,
248 Seiten,
ISBN: 978-0-26-253701-8

*Today's world is very noisy. How do you filter out what is imToday's world is very noisy. How do you filter out what is important? How do you make sense of the future? What do you need to think about?

This book explores the world as it could be in 2032—and the implications for you. It investigates the twelve key megatrends and discusses their impact, why ant, how we got here, whhis trend, and what individuals and organisations can do to survive and thrive in the new world of 2032.

Patricia Lustig &
Gill Ringland

MEGATRENDS AND HOW TO SURVIVE THEM. PREPARING FOR 2032

Cambridge Scholars Publishing,
2018, 212 Seiten,
ISBN: 978-1-5275-1601-4

*In a capitalist system, consumers, investors, and corporations orient their activities toward a future that contains opportunities and risks. Beckert holds that economic forecasts are important not because they produce the futures they envision but because they create the expectations that generate economic activity in the first place. As Imagined Futures shows, those who ignore the role of real uncertainty and fictional expectations in market dynamics misunderstand the nature of capitalism.

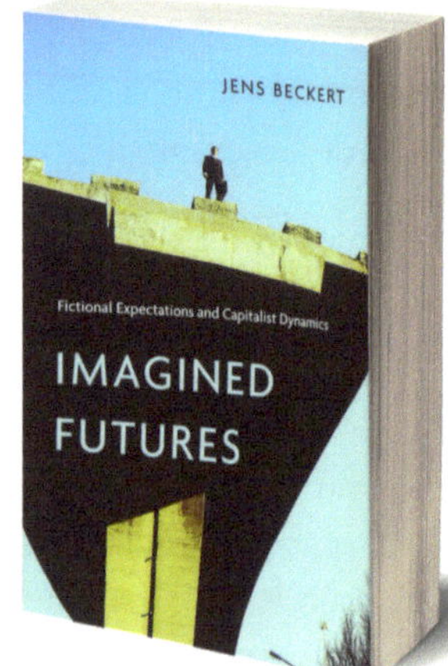

Jens Beckert

IMAGINED FUTURES. FICTIONAL EXPECTATIONS AND CAPITALIST DYNAMICS.

Harvard University Press,
2016, 384 Seiten,
ISBN: 978-0-674-08882-5

*A call-to-arms about the broken nature of artificial intelligence (AI), and the powerful corporations that are turning the human-machine relationship on its head.

AI is already here, but it didn't show up as we all expected. It is the invisible infrastructure that directs us through traffic, finds the right meaning in our mistyped words, and determines what we should buy, watch, listen to, and read. It intersects with every aspect of our lives: health, housing, agriculture, transportation, sports, and even love, sex, and death.

Amy Webb

THE BIG NINE. HOW THE TECH TITANS AND THEIR THINKING MACHINES COULD WARP HUMANITY

PublicAffairs,
2019, 336 Seiten,
ISBN: 978-1-541-77374-5

This is a relevant book for three reasons: First, it pays attention to instruments of public diplomacy such as song contests, sport events, tourism and international solidarity campaigns. Second, presents the role played by some non-official actors in the cultural Cold War in Europe. Third, it contains a wide variety of case studies.

Óscar J. Martín García & Rósa Magnúsdóttir (Eds.)

MACHINERIES OF PERSUASION. EUROPEAN SOFT POWER AND PUBLIC DIPLOMACY DURING THE COLD WAR.

De Gruyter,
2019, 215 Seiten,
ISBN: 978-3-11-055792-3

R. J. Ferguson

CHINA'S EURASIAN DILEMMAS: ROADS AND RISKS FOR A SUSTAINABLE GLOBAL POWER.

Edward Elgar Publishing,
2018, 352 Seiten,
ISBN: 978-1-786-43381-7

" Providing a timely analysis of China's engagement with Eurasia, R. James Ferguson focuses on the challenges obstructing China's path to becoming a sustainable global power. Engagement across Eurasia presents China, its leaders and policymakers with intensified contact with regional and national conflicts, posing environmental, developmental and strategic dilemmas.

" This volume seeks to set the agenda for economic research on the impact of artificial intelligence (AI). It covers four broad themes: AI as a general purpose technology; the relationships between AI, growth, jobs, and inequality; regulatory responses to changes brought on by AI; and the effects of AI on the way economic research is conducted. It explores the branch of computational statistics that has driven much of the recent excitement around AI, as well as the economic impact of robotics and automation and the potential economic consequences of a still-hypothetical artificial general intelligence.

Ajay Agrawal, Joshua Gans, & Avi Goldfarb (eds.)

THE ECONOMICS OF ARTIFICIAL INTELLIGENCE: AN AGENDA.

University of Chicago Press,
2019, 648 Seiten,
ISBN: 978-0-226-61333-8

Brian Cantwell Smith

THE PROMISE OF ARTIFICIAL INTELLIGENCE. RECKONING AND JUDGMENT.

MIT Press, 2019, 184 Seiten,
ISBN: 978-0-262-04304-5

" An argument that—despite dramatic advances in the field—artificial intelligence is nowhere near developing systems that are genuinely intelligent.

Taking judgment as the ultimate goal of intelligence, Smith examines the history of AI from its first-wave origins ("good old-fashioned AI") to recent advances that have led to excitement, anxiety, and debate. What we should do, he argues, is learn to use AI for the reckoning tasks at which it excels while we strengthen our commitment to judgment, ethics, and the world.

New Delhi, 2008 © argemarie

Pier Paolo Pasolini reiste Anfang der 1960 vier Wochen durch Indien. Andreas Altmann folgte 50 Jahre später und fand Pasolinis Indien und sein eigenes Indien-Märchen. Beide literarischen Reisen sind nun gemeinsam verschmolzen und als Buch erschienen. Ein Buchauszug aus dem Bombay-Kapitel; Pasolinis Kommentar ist kursiv gesetzt.

DIE INDISCHEN KÜHE SIND WIE DIE INDISCHEN MENSCHEN.

Mit überirdischer Geduld nehmen sie hin, was ihnen das Leben übrig lässt.

TEXT: ANDREAS ALTMANN, PIER PAOLO PASOLINI*

Und die Kühe auf den Straßen! Sie gehen inmitten der Menschenmenge, sie lagern neben den Lagernden, wandern zwischen den Herumwandernden, warten mit den Wartenden. Arme Kühe, deren Fell zu Schlamm geworden ist, von obszöner Magerkeit, manche nicht größer als Hunde, vom Hunger zermürbt, das Auge ewig abgelenkt von Gegenständen, die ewig Enttäuschung bieten. Es war beinahe Nacht, und sie ließen sich auf den Straßenkreuzungen nieder, unter den Verkehrsampeln, unter den Toren irgendeines verkommenen öffentlichen Gebäudes; schwarze und graue Haufen von Hunger und Ausweglosigkeit.

„Die ´heiligen Kühe´ dürfen (fast) überall sein, überall hinmachen, überall – mitten im Straßenverkehr – im Weg stehen, ja im Weg liegen. Sind heiliger als die Menschen, denn sie haben stets Vorfahrt, nie trifft sie ein gewaltsamer Tod, kaum je eine verhungert. ´Sie sind´, schrieb Gandhi, ´ein Gebet der Barmherzigkeit´. Weil sie Milch geben, weil ihr Dung zum Feuermachen verwendet wird, weil nichts Böses von ihnen ausgeht. Die indischen Kühe sind wie die indischen Menschen. Mit überirdischer Geduld nehmen sie hin, was ihnen das Leben übrig lässt.“

Obgleich das Leben um sie kreiste, hatte es den verlangsamten Rhythmus dieser armen Tiere; man musste sehen, mit welcher Geduld die Leute an den Omnibushaltestellen warteten: Sie bildeten eine Warteschlange, die so diszipliniert war, wie sie sich Schweizer und Deutsche kaum träumen lassen; ohne zu drängeln, vereinzelt, konzentriert. Einige waren beinahe europäisch gekleidet, mit einem weißen Hemd und mit lässig übergezogenen, weißen Hosen, die an den Knöcheln weit waren; die meisten aber trugen eine Art Bettlaken, zwischen den Beinen durchgezogen, mit lauter dicken Knoten am Bauch, und ihre Waden, ganz schwarz, schauten unten heraus; über diesen Laken entweder ein Hemd oder auch eine europäische Jacke, auf dem Kopf den üblichen Fetzen, doch gerollt.[...]

Dieser riesigen, praktisch in Handtücher gekleideten Menschenmenge entströmte ein Geruch von Elend, von unsagbarer Bedürftigkeit, als ob diese Menschen alle gerade einem Erbeben entkommen wären und, dankbar, dass sie überlebt hatten, sich nun mit den wenigen Lumpen begnügten, mit denen sie von ihren armseligen, zerstörten Lagern, aus den kümmerlichen Baracken, geflüchtet waren.

Vor dem Hotel mit seinen kleinen Vorhallen finde ich eine ganze Ansammlung, die im Staub auf dem Boden beieinanderhockt; Arme und Beine, Lumpen und Schatten verschwimmen. Als sie mich vorbeigehen sehen, stehen zwei oder drei auf und folgen mir, als warteten sie. Ich bleibe stehen und lächle ihnen unsicher zu. «

Street Art von "guess who?", Kochi-Muziris-Biennale-2012 © cande - creative ideas

Welche Rolle spielen Kunst, Forschung & Innovation für das, was im saloppen Jargon der 2000er Jahre als „Indishness" bezeichnet wurde ? Ein gedanklicher Rundgang durch die Themen zeigt, dass die Existenz vieler Gegensätze – zwischen Tradition, Mythologie, den Religionen, dem Alltag, der Armut, einer neuer Mittelschicht, Produktwelten und Popkultur als auch den Interessen der globalen Eliten — Reibung und Funkenflug erzeugt. Das Leben funktioniert in Indien auf seine Art und Weise – das vermittelte auch das Gespräch mit Radha Anjali und Florian Gruber.

INNOVATIONEN IN INDIEN – „BUSINESS SUTRA" MIT DEM SEGEN DER GÖTTER

Ein Gespräch mit der Künstlerin Radha Anjali und dem Forschungsmanager Florian Gruber

TEXT: PAMELA MARJAN BARTAR

Pamela Marjan Bartar (PB): *Indien machte in den letzten Jahrzehnten viele Schritte in Richtung Modernisierung und Wachstum, gleichzeitig scheinen drängende Fragen in der Gesellschaft unbeantwortet. Was ist das Besondere an der Indischen Moderne – oder Postmoderne?*

Florian Gruber: Der Begriff Postmoderne ist im Zusammenhang mit Indien nicht eingeführt. Man kann auch nicht von einem sondern von „vielen Indien" sprechen: Etwa 1,2 Milliarden Menschen leben in 29 Bundesstaaten und sprechen um die hundert Sprachen bzw. Dialekte aus vier verschiedenen Sprachfamilien. Diese Vielheit bewirkt Spannungsfelder zwischen den Kulturen, Religionen und Regionen.

In Bezug auf eine landesweite Modernisierung sind vor allem Infrastruktur-Probleme auf der Tagesordnung, dieser Bereich wird auch häufig als das „Bottleneck" Indiens bezeichnet. Die Unterschiede werden vor allem bei Vergleichen des Lebensstandards in den Städten, die stark anglo-amerikanisch geprägt sind, und den ruralen Gebiete sichtbar.

Eine weitere Hürde ist das Bildungsgefälle: Die Mehrheit meiner indischen KollegInnen aus Forschung und Wissenschaft wurden in Europa oder den   »

Dieser Artikel erscheint in Kooperation mit dem KulturDiplomat-Magazin, herausgegeben von ConnectingCulture.at: Online-News mit Programmen und Events der Kulturinstitute und Kulturabteilungen der Botschaften in Österreich.

Um heute einen Partner für ihre Kinder zu finden, inserieren Eltern in den Tageszeitungen Hochzeitsanzeigen. In diesen werden vom Horoskop bis zur Kaste alle gewünschten Qualitäten vor dem Kennenlernen festgelegt.

USA ausgebildet. Ich spüre keine Fremdheit während unseren Begegnungen. Die andere Seite findet sich in den ländlichen Regionen, in denen Analphabetismus noch verbreitet ist.

Das ist eine Perspektive auf Indien, meine Erfahrungen reichen aber weiter: Gegen Ende der Studienzeit verbrachten meine Frau und ich einige Monate im Süden des Landes. Dort absolvierten wir Tanz- und Theaterausbildungen und lernten eine andere, stark in sich ruhende Seite Indiens kennen und schätzen.

Radha Anjali: Moderne und Tradition treffen in Indien ungefiltert aufeinander. Das lässt Kontraste entstehen, die sich im alltägliche Leben widerspiegeln: Wenige Geschäftsabschlüsse werden getätigt, ohne das ein „Ganesha Puja" zelebriert wird. Das ist eine Art Gottesdienst, der sich auf Ganesha, eine der beliebtesten Formen des Göttlichen im Hinduismus, bezieht. Ein anderes Bespiel ist der Brauch, den Segen der Eltern einzuholen, bevor die Jungen das Zuhause verlassen. Dabei handelt es sich um ein Phänomen, das sich in allen sozialen Schichten wiederfindet – auch beruflich erfolgreichen und mitten im Leben stehenden jungen Menschen. Ebenfalls sperrig erscheint für ein westlich geprägtes Verstehen die Tradition der arrangierten Ehe. Um heute einen Partner für ihre Kinder zu finden, inserieren Eltern in den Tageszeitungen Hochzeitsanzeigen. In diesen werden vom Horoskop bis zur Kaste alle gewünschten Qualitäten vor dem Kennenlernen festgelegt. Die mediale Verbreitung vergrößert den Suchradius deutlich und eine große Mehrheit findet auf diese Weise einen Partner.

Sehr interessant erscheinen mir zu diesen Entwicklungen die Gedanken des Philosophen Devdutt Pattanaik. Er interpretiert in seinen Büchern die indische Mythologie für die Gegenwart und zieht Parallelen zu zeitgenössischen Geschehnissen. Pattanaik avancierte zu einer Figur, die sich in der Arena des Populären leichtfüßig zu bewegen weiß, seine eigene TV-Show namens „Business Sutra" führte und genauso auf Facebook, Twitter, Scribd und in Präsentationsformaten wie TED zuhause ist.

P.B.: *Was macht das „junge Indien" noch aus?*

Radha Anjali: Indien ist eine junge Gesellschaft – der Altersschnitt der Bevölkerung liegt deutlich unter dem europäischen. Mein Eindruck ist, dass sehr viel Kreativität und ein starker Lernwille existiert. Das inkludiert die von Armut betroffene Schichten: Wer einmal die Gelegenheit bekommt, lernt gerne! Auch die Mittelschicht erstarkt. Insgesamt hat sich das alltägliche Leben für alle Schichten verbessert – auch der Zugang zur Bildung. Das wird meiner Meinung nach langfristig eine Wirkung auch auf jene Familien haben, in denen Mädchen unerwünscht sind. Insofern unerwünscht, da immer noch eine große Mitgift bei einer Heirat erwartet wird, die sich ärmere Familien nicht leisten können. Dies führte in den vergangenen Jahren zu dem Phänomen, dass nach der vorgeburtlichen Geschlechtsbestimmung Mädchen abgetrieben werden. Diese Haltung lässt sich aber keinesfalls verallgemeinern. Indien ist auch in Bezug auf diese Entwicklung sehr divers. Vielerorts sind Mädchen in den Familien erwünscht und werden liebevoll umsorgt.

P.B.: *Einige indische Frauen konnten international mit ihrer Kunst avancieren. In den 2000er Jahren erfuhr die indische Gegenwartskunst im internationalen Kunstbetrieb einen Boom: „Indishness" war in aller Munde und bis heute sind Ausläufer in den Ausstellungshäusern und Galerien zu sehen. Wie sieht es mit der Aufmerksamkeit im Land aus?*

Radha Anjali: Das vergangene Jahrzehnt brachte für das Zeitgenössische in Indien sowie kritische Positionen sicher mehr Sichtbarkeit. Die meiste Aktivität konzentriert sich in Metropolen Indiens, hier wird die

Kunst- und Galerienszene immer wichtiger. Dazu zählt eine Kunstmesse, die India Art Fair in Neu Delhi. Aber nicht nur die Hauptstadt ist ein guter Boden, auch andere Orte lassen aufhorchen, wie Kochi mit der Kochi-Muziris-Biennale. Trotz dieser Entwicklung wird der darstellenden Kunst traditionell mehr Relevanz eingeräumt respektive sie von öffentlicher Seite stärker gefördert und international präsentiert.

P.B: Das Performative spielt in der Gegenwartskunst und im Alltag eine wichtige Rolle. Woher kommt dieser Zugang?

Der Tanz und das Tanzdrama haben eine sehr lange Tradition in Indien. Eine Funktion war der Ausdruck einer spirituellen Seite des Lebens und die Lobpreisung Gottes durch Tanz und Musik im Tempel. Tanz wird zum Mittel der Erkenntnis, zur Selbstfindung und zum Medium des künstlerischen Ausdrucks. Symbole und Strukturen helfen dabei, die Alltagswelt zu überwinden. Erst nach jahrelangem Training und in höchster Konzentration kann eine Tänzerin die Eins-Werdung mit dem Getanzten erleben. Das erfordert außerordentliche Disziplin.

Daneben verfolgte der klassische Tanz, vergleichbar mit dem antiken Theater in Europa, bereits in früheren Zeiten eine Art Bildungsauftrag, um jene, die nicht schreiben und lesen konnten über historische oder aktuelle Themen zu informieren. Alles wurde tanzend und singend dargestellt. Heute bedienen sich viele sozial engagierte Vereine der Kunstform: Tanzgruppen treten in Dörfern auf und spielen Straßentheater zu Themen, die sehr stark in den Alltag hineinreichen können – getanzt werden „Lehrstücke" über die Notwendigkeit von Hygiene, über Wege gegen Diskriminierung oder neue Chancen durch Bildung.

Als Tänzerin und Tanzlehrerin bin ich in der Tradition des Bharatanatyam verwurzelt. Dieser Tanz ist rund 2000 Jahre alt und stammt aus Südindien. Ursprünglich wurde er im hinduistischen Tempelritual von Tempeltänzerinnen aufgeführt, später im 19. Jahrhundert bildete er seine heutige Form aus. Es werden sowohl Liebeslieder getanzt als auch oder Motive aus der Mythologie und der Literatur aufgegriffen, zu denen sehr aktuelle Bezüge gefunden werden können. Zum Bei-

spiel kommt das Phänomen Transgender bereits in der indischen Mythologie vor: Mein Programm „Shikhandi" fußt im „Mahabharata"-Epos rund um die weibliche Figur der Prinzessin Amba, die mit Hilfe eines Waldgeistes eine Geschlechtsumwandlung durchmacht, um als Krieger zu bestehen. Meinem Wissen nach ist das die erste „Geschlechtsumwandlung", die schriftlich festgehalten wurde. Man kann eigentlich jedes Thema mit dieser Art von Körpersprache, die einen ästhetischen Bewegungskodex darstellt, bearbeiten.

PB: Wo findet das Neue einen fruchtbaren Boden in Indien?

Radha Anjali: Dieser ist sicher in großen Städte zu suchen, von denen in Indien viele Metropolencharakter besitzen. Dazu zählen jene Städte mit Forschungseinrichtungen und Universitäten wie Hyderabad, in der aufgrund der geballt angesiedelten Hightech Industrie ein Stadtteil landläufig „Cyberabat" genannt wird, dann Chennai, Bangalore oder Mumbai.

Durch das Internet vernetzt sich die Welt mittlerweile auch bis in ländliche Gebiete. Junge Menschen sind nicht mehr von einer Quelle, wie dem Dorflehrer, abhängig, sondern beziehen Wissen und Informationen aus aller Welt, indem sie die überregional verbreiteten Internetcafés nutzen. Dadurch werden Innovationen, meiner Beobachtung nach, allerorts möglich.

Florian Gruber: Wir haben noch keine Regionalstudie gemacht, aber die großen Städte sind sicher die Braincenters Indiens. International anerkannt und erfolgreich sind Flagship-Einrichtungen wie die Instituts of Technologies (IIT). Es gibt starke Exzellenz in Indien, die ausländische ForscherInnen anzieht, auch wenn nach wie vor ein sehr starkes Qualitätsgefälle bei den Forschungseinrichtungen existiert. Die Top-Forschungsthemen reichen von Energie über Wasserwirtschaft bis zur Gesundheit sowie zur Patentforschung und Innovationsökonomie. In diesen Bereichen finden aktuell die meisten internationalen Forschungskooperationen mit Partnern aus der Europäischen Union statt.

P.B.: Frugal Innovation ist ein Stichwort, das immer häufiger im Zusammenhang mit Indien fällt. Was versteht man darunter?　　　　　　　»

Florian Gruber: Das ist ein Ansatz, der vor allem in den BRICS Staaten, also in Brasilien, Russland, Südafrika, China und Indien, an Relevanz gewonnen hat. In Indien wird Frugal Innovation auch Jugaad genannt. Dahinter steht die Idee, Produkte auf die Hauptfunktionalitäten zu verschlanken und so zu produzieren, dass sie günstig für möglichst viele zur Verfügung stehen. Die Entwicklung von „Value Products", also Produkten, die Mehrwert und Service zu einem geringen Preis bieten, ist eine interessante Herausforderung, die auch in anderen Weltregionen Aufmerksamkeit erzeugt. Einigen ist noch das Handy Nokia 1100 in Erinnerung, das Anfang der 2000er Jahre, bewusst einfach gehalten, vor allem für den Markt in den Entwicklungsländern konzipiert wurde. Mit 200 Millionen verkauften Exemplaren ist es das bisher erfolgreichste Handy. Und obwohl das Modell nicht das erste war, das Textnachrichten in Hindi schreiben konnte, gelang es über die Werbung, dieses Image in Indien zu etablieren.

P.B.: *Microsoft kaufte Ende 2014 den Hersteller Nokia und verfolgt die Strategie, Handys für die neuen Mittelschichten der globalen Märkte zu produzieren. Gerade bei der Herstellung von Handys drängt sich mir die Frage nach einem nachhaltigen Umgang mit Ressourcen auf. Ist dies ebenfalls ein Aspekt von frugal innovation?*

Florian Gruber: Der innovative Ressourceneinsatz oder auch Re- und Upcycling sind in diesem Zusammenhang nicht vorrangig. Der Umgang mit Ressourcen ist in Indien nach wie vor sehr kritisch zu sehen. Hier fehlen Initiativen zum Bespiel in der Wasser- und Energiewirtschaft. Es gab in den vergangenen Jahren erste Projekte, die wir im Rahmen des indo-europäischen Projekts New INDIGO unterstützt haben. Der Erfolg von New INDIGO führte zu drei Nachfolgeprojekten, die weiter und tiefer zu den Themen Politikdialog, Wissenschaftskommunikation und zu internationalen Forschungskooperationen mit Indien in den Sozial- und Geisteswissenschaften schürfen.

PB: *Wo sehen Sie Anknüpfungspunkte zum internationalen Diskurs über soziale Innovation und zu entsprechenden Förderprogrammen?*

Florian Gruber: Frugal innovation wird in Indien auch als „Ghandian Innovation" genannt, das zeigt die Wichtigkeit des sozialen Aspekts. Der Ansatz entwickelte sich als Grasswurzel-Konzept und orientiert sich an den Bedürfnissen der Einkommensschwachen. Neue Ideen und Initiativen der indischen Bevölkerung werden durch das National Innovation Council, einer Organisation der indischen Regierung, unterstützt, indem MitarbeiterInnen in die Dörfer geschickt werden, um neue schlaue Erfindungen zu erkunden und weiterzuverbreiten. Dafür werden die ErfinderInnen mit Geschäftsleuten zusammengebracht und die Preisverhandlungen unterstützt.

Radha Anjali: In Indien formierten sich in der jüngsten Vergangenheit auf politischer Ebenen und in der Bevölkerung kritische Stimmen, die „frugal innovation" für Indien richtig verstanden wissen wollen. Vielen fehlt der soziale Mehrwert für das Land und seine jungen Arbeitskräfte, von denen geschätzte achthundert Millionen mit rund eineinhalb Euro pro Tag auskommen müssen. Erst im vergangenen Herbst beschäftigten sich die Kommentatoren mit der Kampagne „Make in India" zur Attraktion neuer internationaler Investoren, die fast zeitgleich zu der von der Regierung unterstützten „Digital India"-Initiative aufkam: Indien soll in den nächsten 15 Jahren digital soweit erschlossen werden, dass alle Haushalte im Lande über einen Internetanschluss verfügen und digitale öffentliche Infrastruktur ausgebaut wird. Für dieses Ziel sind etwa 16,5 Mrd. an öffentlichen Mitteln zur Verfügung. Einige Experten vermuten, dass „Digital India" und „Make in India" zu „Make with India" führen könnte. Dies würde auch bedeuten, vom Markt zum Partner für soziale Innovationen zu werden.

P:B.: *Wie wird das Verhältnis von Wert und Preis möglich?*

Florian Gruber: Ein Beispiel ist das Tatanano-Auto: Der winzige Viersitzer kostet umgerechnet EUR 1.440,00 und verzichtet völlig auf den Einbau von Komfortelementen. Man muss kräftig kurbeln, da es keine elektrischen Fensterheber gibt. Außerdem wird möglichst viel Kunststoff anstatt Metall verbaut. Aufgrund seines minimalistischen Konzepts schrieb der Tatanano eine regelrechte Erfolgsgeschichte in Indien. Ein anderes Beispiel ist das „Jaipur Leg": Das ist eine sehr günstig hergestellte Beinprothese auf der Basis des Materials Polyurethan. Durch ein bewegliches Gelenk am Knöchel können die TrägerInnen hocken, eine Körperhaltung, die im suburbanen und ländlichen Indien typisch ist.

Radha Anjali: Die indische Tänzerin und Schauspielerin Sudha Chandran verlor als Jugendliche Anfang der 1980er Jahre bei einem Unfall ein Bein. Sie begann mit Hilfe eines „Jaipur Leg" wieder zu tanzen und spielte in mehreren, für das indische Kino, wichtigen Tanzfilmen die Hauptrolle. Ich denke, die Geschichte von Chandran hat nach wie vor eine starke Vorbildwirkung für junge Unfallopfer in Indien und ist für mich ein interessantes Beispiel, was die niederschwellige Verbreitung von Innovationen im Zusammenspiel mit den Künsten bewirken kann.   «

Radha Anjali

Die freischaffende Tänzerin und Tanzpädagogin studierte Philosophie und ist Gründerin des Vereins Natya Mandir in Wien zur Förderung indischer Tanzkunst. Bereits als Kind kam sie mit dem Bharatanatyam in Berührung und lehrt diese raditionelle Tanzkunst an der Universität Wien. Seit 2007 ist Radha Anjali Präsidentin der Österreichisch-Indischen Gesellschaft in Wien.
www.radha-anjali.at

Florian Gruber

Der Kulturanthropologe und Forschungsmanager ist seit 2005 als Projektleiter für das ZSI-Zentrum für Soziale Innovation in Wien tätig. Seine Arbeitsschwerpunkte umfassen u.a. soziale Innovation, frugal innovation und internationale Forschungs- und Patentkooperationen. Florian Gruber lehrt an der Donau-Universität Krems und im Rahmen des postgradualen sozialwissenschaftlichen Lehrgangs SOQUA.
www.indigoprojects.eu

Radha Anjali

Albrecht Dürer, Zyklus: „Die Offenbarung des Johannes" - „Die Hure Babylon", Holzschnitt, etwa 1497 - 1498; Original 39 x 28 cm, Staatliche Kunsthalle, Karlsruhe

THEMA GRIECHENLAND: *Seit der Europäischen "Rettung" Griechenlands sind mittlerweile 10 Jahre vergangen. Davor hat es noch nie ein solches Konzentrat an blanken Lügen (Stephan Schulmeister 2015 im Wochenmagazin Profil) gegeben. Das Schauspiel auf der Brüsseler Bühne ist grotesk und verantwortungslos, gemischt mit einer gehörigen Portion Menschen- und Demokratieverachtung. Die deutschsprachigen Medien — allesamt, ob Boulevard, sogenannte Qualitätspresse, oder öffentlich-rechtliche Medien — überbieten sich in gegenseitig in bodenloser Ignoranz und niederträchtiger Häme. Im krassen Gegensatz zu medial zelebrierten Opfer-Ikonen, kennen hierzulande kaum die humanitäre Tragödie Schicksale, die die Europäische Geldpolitik fordert, um Deutsche, Französische und internationale Finanzinvestoren vor Spekulationsverlusten zu bewahren.*

Mit Yiannis Mylonas beleuchten wir das unsägliche Medienversagen, bei dem Banken- vor Menschenrettung unkritisch als Europäischer Grundwert propagiert wird. In Memoriam Michael Amon, dessen blitzgescheiten Geist und unerschrockene Stimme wir schon seit einem Jahr schmerzlich vermissen, dürfen wir seine immer noch aktuelle Analyse zum Reflektieren anbieten.

GRIECHEN ALS KARIKATUR DER MEDIEN

Interview mit dem Medienwissenschaftler Yiannis Mylonas.

INTERVIEW: SIMONE SEYRINGER

Herr Mylonas, Sie haben die Berichterstattung über die „Griechenland-Krise" in zwei Deutschen Nachrichtenmedien, Bild Zeitung und Spiegel, untersucht. Sehen Sie gravierende Unterschiede im Stil der Berichterstattung zwischen dem Boulevard- und dem Qualitäts-Medium?

Meine Vorstellung war a) eine indikative Zeitung der so genannten „Yellow Press", wie die Bild-Zeitung, und ihre Berichterstattung im Bereich Politik, z. B. über die Krise in Griechenland und b) ein Magazin, das als glaubwürdig, objektiv und investigativ betrachtet wird, wie der Spiegel, zu dem gleichen Thema zu untersuchen. Ich habe die beiden unterschiedlichen Medien in zwei Perioden analysiert. Die Berichterstattung der Bild Zeitung zur so genannten Griechenland-Krise in den Jahren 2009 bis 2012, und die Berichterstattung im Spiegel zum gleichen Thema in den Jahren 2009 bis 2014.

Die Unterschiede, die ich gefunden habe, betreffen großteils den Stil, wie das Thema repräsentiert wird. Der Spiegel bietet mehr in der Art einer „objektiven" der Berichterstattung und vermeidet eine plumpe Ausdrucksweise, wie sie die „Yellow Press", bzw. die Bild-Zeitung benützt. In diesem Sinn könnte Der Spiegel eher als   »

Zum Beispiel die Verwicklung deutscher multinationaler Konzerne in schwerwiegende Korruptions-Skandale in Griechenland (wie der von Siemens) wird nicht oft erwähnt. Statt dessen findet man häufig Beispiele für Kleinkorruption in Griechenland …

„politisch korrekt" gesehen werden als die Bild-Zeitung. Gleichzeitig aber ist die ideologische Positionierung der beiden Medien – wie sie das Geschehen der Eurokrise über das sie berichten, in einen Sinnzusammenhang stellen (Wer ist verantwortlich? Wie ist das Problem zu lösen? usw.) – im Grunde gleich. Der Spiegel vermeidet zwar groben Nationalismus und gehässige Empörung, wie man sie in der Bild-Zeitung findet, aber, ebenso wie die Bild-Zeitung, steht auch der Spiegel positiv hinter der politischen Position der Deutschen Regierung. Die Austeritätspolitik wird klar favorisiert, ohne die deutschen wirtschaftlichen Interessen, ihre Verantwortlichkeiten und politische sowie wirtschaftliche Macht in der Eurokrise zu hinterfragen.

Beide Medien wählen eine kulturalistische Sichtweise der Krise, d. h. sie machen eher nationale Eigenheiten dafür verantwortlich und sehen Griechenland als Europäische Ausnahme, als die Krise in einer systemischen Perspektive zu betrachten und Globalisierung, freie Märkte, Finanzialisierung der Wirtschaft und entfesselte Finanzaktivitäten einzubeziehen, um ein paar Beispiele für systembezogne Faktoren der globalen Krise zu nennen, in der die Eurokrise nur ein Teil des Phänomens ist, das 2007 in den USA seinen Ausgang nahm. Sie versäumen es, ein strukturelles Verstehen der Krise und Fehler des gegenwärtigen Wirtschaftssystems im Spätkapitalismus zu ermöglichen, und bieten nur einen sehr engen und eher nationalen Ausschnitt des Geschehens dar – zumal die globale Wirtschaft mächtige Länder wie Deutschland bevorzugt – und geraten in einen wichtigen Widerspruch: Wenn man den Wettbewerb (als Haupttriebkraft des Kapitalismus) verteidigt, kann man per se nicht Gleichheit zwischen den Ländern in wirtschaftlicher oder politischer Hinsicht herstellen. Die Ungleichheiten werden sich nur vertiefen, weil es im Wettbewerb nicht um Solidarität oder Gleichheit geht.

Daher schwächen die so genannten „Hilfen" oder Notkredite im Gegenzug von Sparmaßnahmen und Reformen die Griechische Wirtschaft und (damit) seine politische Position. In diesem Sinn berichten beide Medien falsch, aber offenbar nützt ihre Unterstützung von Austeritätsmaßnahmen den Kapitalinteressen Deutschlands. Beide Blätter diskutieren oft die sogenannten „Rettungs"-Maßnahmen an Griechenland aus Sicht der deutschen Steuerzahler, das behaupten sie zumindest, aber ohne die Prinzipien, auf denen diese Darlehen an Griechenland beruhen, zu hinterfragen. Sie hinterfragen auch die Tatsache nicht, dass diese Kredite an deutsche und französische Banken, die sich an riskanten Kreditgeschäften in Griechenland beteiligt haben – einem Land, dessen Produktivität sie nach dem Eintritt in die Eurozone zusammenbrechen sahen und das von einem korrupten politischen Establishment geführt wurde – refundiert werden. In diesem Sinn ist die vermeintliche Verteidigung deutscher Steuerzahler nicht gut abgesichert und wahrscheinlich/vielleicht prätentiös.

Das kulturalisierte Verständnis der Krise – vorgebracht von den konservativen Eliten in Deutschland und der EU, dem unter anderen auch die beiden untersuchten Medien, die Bild-Zeitung und der Spiegel folgen – entfremdet die Griechen von anderen Europäern. Eine alte kolonialistische Vorstellung wird hier wiederbelebt, die Griechenland als „Balkan" oder „ottomanisch" und so sowohl kulturell als auch genetisch als verschieden von „Europa" betrachtet. Ein gefährlicher Weg wird hier eingeschlagen, der in der Bevölkerung rassistische Reflexe provoziert und gleichzeitig mit dem Aufruf zur kollektiven Empörung gegen die Griechen (und andere Südeuropäer) daher kommt, weil sie angeblich die Wurzel für die eigenen (deutschen und nordeuropäischen) Probleme und Unsicherheit sind. In jedem Fall sind kulturalistische Vorstellungen an sich rassistisch, sie verbreiten eine neue Form des Rassismus und viel geschliffener als frühere Formen des Rassismus erscheint. Die Rassifizierung der griechischen Menschen ist heute ein Faktum, das besonders Griechen erleben, die, durch die Krise gezwungen, in andere EU-Länder auszuwandern.

»

The Fall of Ixion, 1588 von Cornelis Cornelissen, Haarlem 1562 – 1638,Original: Öl auf Leinwand, 192 x 152 cm Museum Boijmans Van Beuningen, Rotterdam

Des Weiteren sind beide Medien völlig unkritisch gegenüber der gescheiterten Austeritätspolitik und schreiben ihr Versagen der angeblichen Reformunwilligkeit der Griechen zu, obwohl kein Land solche anti-sozialen „Reformen" umsetzen könnte, wie es in Griechenland seit 2010 getan wird. In diesem Sinne produzieren Mainstream-Medien verzerrte „Informationen" über die Krise und die gescheiterte Austeritätspolitik, obwohl sogar der Internationale Währungsfonds Fehler in den eigenen Berechnungen zu den in Griechenland umzusetzenden Austeritätsmaßnahmen zugegeben hat.

Gleichzeitig vermeiden es beide Medien in Deutschland Verantwortung für die Krise zu suchen. Zum Beispiel die Verwicklung deutscher multinationaler Konzerne in schwerwiegende Korruptions-Skandale in Griechenland (wie der von Siemens) wird nicht oft erwähnt. Statt dessen findet man häufig Beispiele für Kleinkorruption in Griechenland, über Menschen die Beamte bestechen oder Fälle wo Menschen Pensionen für Verstorbene einstreifen, um zu beweisen, dass Korruption in der griechischen Gesellschaft endemisch ist.

Die rassistischen Verbrechen der Wehrmacht an der Griechischen Bevölkerung, als Griechenland während des Zweiten Weltkrieges besetzt war – was zur völligen Zerstörung des Landes führte und einem von 14 Griechen das Leben kostete – sowie Deutschlands Weigerung, durch geschicktes politisches Taktieren, Reparationen an Griechenland zu zahlen, wird ebenfalls von den Medien gemieden. Genauso wie die 1953 geschlossen Vereinbarung Deutschlands Kriegsschulden an die Länder, die es zerstört hat – Griechenland ist eines davon – zu annullieren. Diese Praxis macht Deutschland noch dazu zum Opfer in der deutschen Öffentlichkeit und lässt es als einen ehrlichen und großzügigen Partner erscheinen, der von den Halunken in Europa betrogen wird.

Giles & Sussman kritisierten in ihrer Analyse der Berichterstattung zur U.S.-Finanzkrise, dass Journalisten sehr eng auf Debatten der politischen Elite fokussierten, und dabei blind waren für andere Aspekte der Krise. So wurde das Thema stark eingeengt und nicht versucht, seiner Bedeutung auf verschiedenen Ebenen gerecht zu werden. Z. B. fehlten thematisch etwa steigende Arbeitslosigkeit, Armut, Einfluss auf soziale Sicherheit, und diskursiv u. a. Vielfalt an Ex-

perten und Theorien. Können Sie auch in Ihrem Sample, das sich auf zwei deutsche Massen-Medien bezieht, Ähnlichkeiten sehen?

Dieser Befund lässt sich auch auf Europäische Medien übertragen. Bezogen auf die Medien, die ich analysiert habe zeigt sich, dass die Bild-Zeitung weiterhin monoton ihre Lügen und Stereotype gegen Griechen propagiert und sie als Halunken von Europa präsentiert. So erscheinen die Folgen der Austeritätsmaßnahmen als eine gerechte Strafe. Der Spiegel hat 2012 mit einem Fokus auf die menschliche Seite der Krise und der Austeritätspolitik begonnen. Diese Art der Berichterstattung gestaltete sich jedoch so, dass sie losgelöst ist von einer Kritik an der Politik, die dieses menschliche Leid und Zerstörung in der Gesellschaft produziert, wie es die Griechen erleben.

Die Austeritätspolitik wird großteils von den beiden Medien mitgetragen und als notwendig, objektiv richtig und alternativlos dargestellt. So präsentiert die Berichterstattung zur Eurokrise menschliches Leid als Kollateralschaden notwendiger und richtiger Politik. Trotz ihres völligen Versagens, die wirtschaftlichen Ergebnisse zu erzeugen, die proklamiert wurden (wie Wettbewerb fördern, Wachstum erzeugen und den griechischen Staat „Rationalisieren"). Das Erzeugen von Mitleid schafft keine Solidaritäten und entfremdet die Griechische Unterschicht und Arbeiterklassen weiter von den Deutschen. Wieder wird eine symbolische Strategie der Ausnahmen gespielt, die es versäumt sich mit wichtigen Themen der Krise und ihres Managements durch die EU-Eliten zu befassen. So wird Austeritätspolitik weiter legitimiert, und die Berichterstattung des Spiegel mit ihren humanitären und sozio-politischen Effekten der Krise dienen als Alibi, das die deutsche Verantwortung in dieser Krise verdeckt.

Wie werden politische Eliten in den beiden Medien präsentiert?

Die Mainstream-Medien stellen politische Themen entweder unpolitisch dar, als technische Angelegenheiten, die durch wirtschaftliche Eingriffe in problematischen Gesellschaften gelöst werden, oder aus einer sogenannten „realistischen", post-ideologischen Perspektive. Die Diskussion über Krisen-Politik findet auf der Basis technokratischer Kosten-Effizienz-Analysen statt, aus der Sicht nationaler Standpunkte und Kapitalinteressen. Das erscheint als »

Albrecht Dürer, Zyklus: „Die Offenbarung des Johannes" - „Die vier apokalyptischen Reiter", Holzschnitt, ca. 1497 - 1498; Original 39 x 28 cm, Metropolitan Museum, New York

„realistische" Perspektive, während Argumente, die die hegemoniale Austeritätspolitik und ihre Vorstellung von Wirtschaftswachstum in Frage stellen, als ideologisch, veraltet, irrational und gescheitert diffamiert werden. Es ist ein fast vollständiges Fehlen einer Ideologie-Diskussion festzustellen, was die Möglichkeit kritische Argumente einzubringen, die anti-soziale und anti-demokratische Maßnahmen in Frage stellen, begrenzt. Gleichzeitig lässt eine solche entpolitisierte Darstellung von Politik nicht viel Raum für die Berichterstattung über Alternativen zur Austeritätspolitik. Alles, was Austeritätspolitik in Frage stellt, wird als populistisch und sogar extremistisch präsentiert, obwohl die fundamentalistische Schützenhilfe für die Austeritätspolitik extremistisch ist.

Auch Politiker werden in einer ähnlich entpolitisierten Weise präsentiert und als Experten oder starke Führer beschrieben, die in der Lage sind wirtschaftliche Ziele umzusetzen, effektiv im Wettstreit mit ihren Gegenspielern taktieren, um so den größten Vorteil für die nationalen Kapitalinteressen herauszuschlagen.

Von Experten wird angenommen, dass sie komplizierte Einheiten durchschauen, die entfernt sind von der Öffentlichkeit, und instrumentelle Logiken über Werten und breiteren Partizipationsformen in Entscheidungsprozessen dominieren. In Wirklichkeit sind solche Prozesse ausgrenzend, da die Interessen und Identitäten der unteren Klassen verdreht werden und die Öffentlichkeit hat kaum Möglichkeiten einer effektiven Intervention. In dieser Hinsicht ist das Hauptproblem einer entpolitisierten Repräsentation das Preisgeben der demokratischen Werte, die die Politik leiten sollten, insbesondere was Europa betrifft, das sich als demokratisch präsentieren will.

Was denken Sie persönlich über die Berichterstattung über das Referendum und die Verhandlungen in Brüssel?

Aus politischer Sicht sind diese Ereignisse sehr intensiv und hektisch für Europa und speziell für Griechenland gewesen. Viele konzentrierte und widersprüchliche Ereignisse machten die Analyse der fortdauernden Realität der Krise in Europa sehr schwierig. Ich habe jedoch die Berichterstattung zum Thema in griechischen und dänischen sowie einigen britischen Medien mitverfolgt und kann sa-

gen, dass die griechischen Mainstream-Medien eine fürchterliche Propaganda-Strategie lanciert haben, die das Referendum stark unter Druck setzte, um die Wahl in Richtung pro-Austerität zu verschieben und Griechenland in der Eurozone zu halten. Die griechischen Massenmedien sind im Besitz griechischer Oligarchen, die Interesse daran haben, Griechenland um jeden Preis in der Eurozone zu halten. Die Menschen angesichts dieser Propaganda aber nicht in die Knie gegangen. Die erlebte, schonungslose Wirklichkeit der Rezessionsspirale, ohne klares und positives Ende in Sicht, zeigte die Grenzen derartiger Propaganda auf.

Auch die nordeuropäischen Medien versuchten das Referendum zu delegitimieren, mit bemerkenswerten Argumentationen zu Griechenland, die ich auch in meiner Studie zu den deutschen Medien gefunden habe. Über das Referendum wurde also sehr schwach und in falscher Weise berichtet, es wurde als umstritten, „unlogisch", sogar undemokratisch (!), und als eine weitere Nummer der griechischen Halunken, um das Zurückzahlen ihrer Schulden zu vermeiden und sich aus ihrer Verantwortung für „das Chaos, das sie (vermeintlich) angerichtet haben" und weiter anrichten, stehlen können. Das Referendum wurde ebenso karikiert wie die griechischen Menschen systematisch von den Massenmedien überall auf der Welt seit 2009 karikiert worden sind. Diese Berichterstattung war effektiv indem sie die nördliche europäische Öffentlichkeit von den gemeinsamen Anliegen mit den griechischen Menschen entfremdet haben.

Können Sie uns Ihre Beobachtungen vielleicht noch an einem konkreten Beispiel aus der Politik zur Finanzkrise schildern? Wie wurde Yanis Varoufakis in der medialen Öffentlichkeit präsentiert?

Die Zeitspanne, in der ich die Berichterstattung in der Bild-Zeitung und im Spiegel beobachtete, endete bevor Syriza gewählt wurde und bevor Yanis Varoufakis Finanzminister wurde. Dessen ungeachtet habe ich verschiedene Medien, nicht nur deutsche sondern auch andere europäische Mainstream-Medien, mitverfolgt und die Art und Weise, wie sie über Syriza und Varoufakis berichteten, beobachtet.

Wegen seiner Bedeutung als Finanzminister, seiner ökonomischen Fachkenntnisse und seiner keynesianischen

Herangehensweise an die Finanzkrise und Austeritätspolitik, seines Selbstvertrauens und akademischen Diskussionsstils sowie Argumentation, auch wegen seines unkonventionellen Auftretens – er präsentierte sich nicht wie ein weiterer grauer Yuppie in Anzug – lancierte das politische und mediale Establishment einen massiven Kommunikationsangriff auf Varoufakis.

Das Hauptziel dabei war, ihn systematisch zu diskreditieren und mit ihm die linke griechische Regierung als „nicht seriös", oder unverständlich, zu attackieren, die vermeintlich keine glaubwürdigen Vorschläge für Verhandlungen abliefert, um nur einige Beispiele irreführender Angriffe zu nennen. Die EU-Eliten bevorzugten ihre Jasager-Puppen in Griechenland, die die Austeritätspolitik nicht all zu sehr in Frage stellen und alle Schuld, die die europäischen Kernländer Griechenland aufladen, akzeptieren würden. Und die auch so aussehen und sich so benehmen wie sie selbst. Varoufakis hat den „Euro-Partnern" (sic) Argumente vorgelegt, wonach Austeritätspolitik heute nicht funktioniert und auch in Zukunft nicht funktionieren wird, um Alternativen zu suchen, die sich für alle besser auswirken.

Die Interessen jedoch, von denen die EU-Politik geleitet wird, scheinen für vernünftige Argumentation keinen Raum zu lassen. Da die Austeritätspolitik in Griechenland im Interesse Deutschlands, Hollands und anderer EU-Kernländer ist, müssen Argumente dagegen ausgelöscht werden. So wurde Varoufakis im Medienspektakel zum Exoten und Macho gemacht und dann als umstritten, arrogant, unverständlich, narzisstisch, usw. verleumdet, sodass seine Argumente in der europäischen Öffentlichkeit nicht gehört wurden, bis er schließlich vom Regierungsamt entfernt wurde, um ihn gegen einen unterwürfigeren Kandidaten auszutauschen.

Ich glaube, das war die primäre Kommunikationsstrategie der europäischen Führung gegen Varoufakis. Die Medien, in ihrer üblichen Unterhaltungsstimmung, fokussierten auf oberflächliche Elemente (z. B. Kleidungsstil und Erscheinungsbild), statt über eine Debatte über die Krise und die Austeritätspolitik zu berichten oder gar einzusteigen. Wie üblich versäumten es die Journalisten die theoretischen Debatten zu erfassen – vielleicht aus

Mangel an Wissen, oder wegen ihrer eigenen politischen Überzeugungen und den Verflechtungen mit der Politik – und folgten der Kommunikationslinie ihrer nationalen Regierungen. Varoufakis eigene Fehler hatten damit zu tun, dass er sich tatsächlich zu kompromissbereit zeigte und zu viel Vertrauen in die das demokratische Ethos der EU setzte, was sich durch den neoliberalen Fundamentalismus und wachsenden Autoritarismus der EU als tragischer Irrtum erwies.

Zum Schluss noch ihre persönliche Einschätzung über die Rolle der Medien als vierte Säule der Demokratie. Wie sehen Sie diese Rolle im Licht dieser Ereignisse?

Meine Studien zeigen, dass die Berichterstattung über die Krise der Eurozone die Art bürgerlicher Mentalität und Subjektivität produziert, wie sie von der Austeritätspolitik benötigt wird. Wie Margret Thatcher sagte, „the important thing is to win the hearts and the minds of the people". Durch die repetitive und monotone, „objektive" oder entrüstete Berichterstattung über die Krisenverhandlungen der EU, über die Einführung neoliberaler Reformen – trotz ihres Scheiterns und dem Elend, das sie der griechischen Bevölkerung bereiten – und durch das effektive Umgehen demokratischer Entscheidungen und Prozesse, zugunsten vermeintlicher wirtschaftlicher Notwendigkeiten, wird in der Öffentlichkeit ein bestimmtes Paradigma durchgesetzt, wie man über die Krise, die Politik und die Wirtschaft denkt und wie man sich als konkurrenzfähiges wirtschaftliches Individuum verhält.

Diese Art der Berichterstattung über die Krise, die die Medien anbieten ist verbunden mit den neuen Erfordernissen für einen post-sozialen Wohlfahrtsstaat, den Konservative und Neoliberale in Europa vorantreiben. Das spezifische, neoliberale Framing der Krise, das unter anderem in der Bild-Zeitung und im Spiegel dargeboten wird, befördert öffentlich die neoliberale Moral. Mit dem (selbst-)überwachen der sogenannten Reformen in Griechenland und in anderen Ländern, dem Zelebrieren der Austeritätspolitik und einer Art gemeinsamem Pseudo-Wissen über entlegene geografische Orte und Gesellschaften, ist dem Prozess der wirtschaftlichen Akkumulation und Profiteering gedient, während weltweit die Lebensumstände, gemeinsame Anliegen und Interessen weiter auseinanderdriften. «

Albrecht Dürer, Nemesis, Kupferstich, ca. 1501; Original 32 x 23 cm, National Gallery of Victoria, Melbourne

„Hegel bemerkte irgendwo, daß alle großen weltgeschichtlichen

Tatsachen und Personen sich sozusagen zweimal ereignen.

Er hat vergessen, hinzuzufügen:

das eine Mal als Tragödie, das andere Mal als Farce."

Karl Marx, Der achtzehnte Brumaire des Louis Napoleon (1852)

DIE GRIECHISCHE FARCE.
Ein paar Zeilen Zorn.

TEXT: MICHAEL AMON

Dieser Tage muss ich zum wiederholten Male erkennen: es scheint zwei Sozialdemokratien zu geben. Eine virtuelle, der ich mich zugehörig fühle, und eine reale, an der ich nichts Sozialdemokratisches mehr zu erkennen vermag. An welchem Ort diese zweite Sozialdemokratie sich aufhält (außer in ein paar hochprivilegierten Machtpositionen für einige Mandatsträger) und aus welchen Quellen sie gespeist wird, will ich gar nicht wissen. Die Wahlergebnisse sprechen für sich.

SOZIALDEMOKRATIE?

Denn was derzeit leider oft übersehen wird: die ärgsten Marktschreier sind »sozialdemokratische« Politiker, die nicht müde werden, auf Griechenland und seine Menschen verächtlich herabzusehen und ein ziemlich übles Spiel spielen (während sie gleichzeitig dem zurückgetretenen griechischen Finanzminister vorwerfen, ein Gambler zu sein – nur ein weiterer Beweis, wie wenig Ahnung diese Leute von wissenschaftlichen Erklärungsmodellen wie der »Spiel«theorie haben, die mit »gambeln« nun wirklich nichts zu tun hat).

Den Vogel schoß wie immer der angebliche Sozialdemokrat und Europa-Bonze Martin Schulz ab. Für den Fall eines Neins bei der Abstimmung drohte Schulz: »Eure Kinder werden leiden!« Jeder Kommentar überflüssig.

* Diesen Text hat Michael Amon für XING 30, 2015 verfasst. Hier möchten wir diese Gedanken in Erinnerung rufen und fragen uns, ob sie in der Zwischenzeit an Aktualität verloren haben ...

CHRISTDEMOKRATEN?

Ich erspare mir Kritik an den Konservativen aller Schattierungen (die auch einen Herrn Orbán in den Reihen der europäischen Christdemokraten dulden, so wie sie davor Herrn Berlusconi geduldet haben). Von denen habe ich ohnedies nie etwas erwartet. Die Arroganz eines Herrn Juncker, Schaffer des luxemburgischen Steuerparadieses für Großkonzerne, ist sprichwörtlich. Jetzt wirft er den Griechen vor, keine Steuern einzuheben. Verlogenheit kommt vor dem Fall.

Der österreichische Finanzminister Schelling hat die Chuzpe, in der PRESSE bei einem Glaserl Wein zu erklären, es sei alles schwer übertrieben, es seien doch »nicht alle Griechen« aus der Sozialversicherung herausgefallen. Ich ergänze: Nur lachhafte vier Millionen Menschen. Darfs ein bisserl mehr sein?

DAS WAHLVOLK EINSCHÜCHTERN

Mit allen Mitteln wurde versucht, das griechische Volk vor der Abstimmung einzuschüchtern. Auch die angeblich von politischen Einflüssen freie Europäische Zentralbank (EZB) hat bereitwillig mitgespielt: keine Ausweitung der Notkredite (ohnedies alle auf Sand gebaut) und Verknappung der Banknoten auf 20 und 50 Euro-Scheine, wodurch Einkäufe mangels Wechselgeld fast unmöglich wurden. Damit verbunden eine erzwungene Schließung der Banken, um die Menschen zusätzlich in Angst zu versetzen – Christdemokraten und Sozialdemokraten haben längst   » alle Grundsätze und Skrupel über Bord geworfen. Es regiert das Finanzkapital und seine Interessen.

SYSTEMISCHES POLITVERSAGEN DER EU

In der Griechenland-Krise ist ein systemisches Versagen der Politik und der Institutionen der EU festzustellen – dieses Versagen ist strukturell bedingt in der falschen Konzeption sowohl der EU als auch der Eurozone. Längst hat sich dieses Europa zu einem für Normalbürger undurchschaubaren Moloch entwickelt.

Wer weiß, was die vielen »Verträge« und »Prozesse« bedeuten? Lissabon-Prozeß, Dublin-Verträge, Barcelona-Prozeß, Maastricht-Kriterien, Bologna-Prozeß? Wer weiß, was die Unzahl an Abkürzungen zu bedeuten hat, die von den Eurokraten erfunden worden sind: ESM, ESF, LTRO, OMT, QE, SMP, ELA u. v. a. Eine wahrlich Orwellsche Quacksprech-Vernebelungsmaschinerie, der die Menschen völlig ratlos gegenüberstehen und ausgeliefert sind. Den Griechen vorzuwerfen, sie wüßten gar nicht, worüber sie abstimmen, ist zwar in gewisser Weise richtig, aber nicht deren Schuld, sondern die der eurokratischen Sprachinflationierer.

Die europäischen Politiker haben sich als Exekutoren der Interessen des internationalen Finanzkapitals erwiesen. Und als Sicherer der eigenen Macht. Es geht längst nicht mehr um die Frage der Schulden Griechenlands. Es geht darum, ein Exempel zu statuieren und eine mißliebige Regierung zu verjagen.

MEDIEN IN DEN HÄNDEN VON REEDERN UND MILITÄR

Unterstützt wurde diese »Strategie« durch ein Totalversagen der meisten europäischen Medien. Wer in den letzten Wochen deutsche »Qualitäts«zeitungen gelesen hat, bekam – wie schon in der Ukraine-Frage – ein reichlich eingeschränktes Bild der Realität serviert. Dreißig Jahre neoliberaler Indoktrination zeigen ihre Wirkung.

Immer öfter muß man ein Gesamtversagen der Medien feststellen. Wer sich in diesen Tagen über die Stimmung und die Vorgänge in Griechenland ein Bild machen wollte, konnte dies nur, wenn er auf Blogs auswich – angesichts der Sprachprobleme kein einfaches Unterfangen. Zum Glück gibt es englisch- und französischsprachige Blogger, die diese Lücke füllten.

Auch die öffentlich-rechtlichen Systeme versagen. Wenn der ORF-Außenpolitik-Chef Pfeifer erklärt »die Volksabstimmung ist ein populistischer Bruch der europäischen Verhandlungskultur«, kann man sich nach den bisherigen Vorfällen nur noch wundern. Die Bazar-Mentalität bei den europäischen Kungelrunden als »Verhandlungskultur« zu bezeichnen, entbehrt nicht der Komik, siehe Thatchers »I want my money back!«.

GRIECHISCHE GELDELITEN UND EU GEGEN DIE REGIERUNG

So merkwürdig das klingen mag: die EU verlangt zwar, daß Reeder, Kirche etc. endlich besteuert werden sollen, stellt aber dazu Rahmenbedingungen auf, die unerfüllbar sind. Also setzten die griechischen Geldeliten darauf, daß die EU die einzige Regierung hinwegputscht, die seit Jahrzehnten nicht mit Teilen von ihnen verwoben ist. Denn das Kalkül war klar: Sturz der jetzigen Regierung, Neuwahlen mit der Hoffnung auf eine Mehrheit von Konservativen und Sozialdemokraten, beide in gleicher Weise verrottet und korrupt. Die aber würden von der Rot-Schwarzen-Koalition auf Europaebene akzeptiert werden. Man würde wiederum Verträge unterschreiben, an die sich niemand hält (weil uneinlösbare Bedingungen drin stehen), aber es würde kaum Sanktionen geben. Hauptsache, man tut so als ob, und niemand stellt das religiöse Mantra der »vier Grundfreiheiten der EU« in Frage.

DIE LÜGE MIT DER SCHULDENTILGUNG

Eine der vielen Lügen und Unwahrheiten, mit denen man operiert, betrifft die Frage der Rückzahlung der Schulden durch Griechenland. Ich wiederhole es: kein ernsthafter Ökonom glaubt daran, daß diese Rückzahlung möglich ist. Ein Schuldenschnitt ist unvermeidlich. Den europäischen Politikern ging es in erste Linie darum, nicht vor ihre Völker treten zu müssen und einzugestehen, daß sie Griechenland ein Jahrzehnt hindurch nicht nur die falsche Medizin verpaßt, sondern auch noch Hunderte Milliarden an Steuergeldern verplempert hatten, um Banken zu retten, indem griechische Schulden bei privaten Institutionen zu Schulden bei öffentlichen Institutionen gemacht worden sind. Die simple Argumentationsstrategie: an allen Verwerfungen, die noch kommen werden, ist nicht die gutwillige EU und ihre Politik schuld, sondern die starrsinnigen Griechen und ihre hasardierende Regierung. Ein nettes Märchen, mehr nicht. Wer ist hier der Hasardeur, wenn die EZB ein Jahr lang, Woche für Woche, fünfzig (!!!) Milliarden (!!!!!) Euro druckt, um damit weitgehend wertlose »Wert«papiere aufzukaufen?

Die traurige Wahrheit ist: weder Europa noch Deutschland noch die USA oder Japan sind in der Lage, jemals ihre Staatsschulden zurückzuzahlen. Das war historisch immer schon so. Entscheidend für den Druck zur Rückzahlung ist die Größe und Macht eines Landes. Die Griechen kann man mit vielerlei Mitteln zwingen (man droht ihnen mit der völligen Verarmung), die USA mit keinen. Das ist ein entscheidender Punkt, der in der Debatte nie erwähnt wird.

KLASSENKAMPF VON OBEN

Was wir erleben, ist eine Art Klassenkampf, ausgehend von den Akteuren am Finanzmarkt und unterstützt von willfährigen EU-Politikern, die entsprechende vertragliche Voraussetzungen geschaffen haben (und mittels TTIP weiterhin schaffen wollen). Die entscheidende Frage, um die es geht, ist: wer zahlt für die durch Freigabe der Finanzmärkte entstandene Krise und ihre Kosten? Die Antwort der EU ist klar und deutlich: die europäischen Steuerzahler (also nicht die steuerlich geschonten Großkonzerne), die Akteure der Finanzmärkte bleiben ungeschoren. Was wir erleben, ist ein totales Versagen der Kräfte der »politischen Mitte«, die sich gemeinsam mit den tonangebenden Medien von der Bevölkerung entfremdet haben. Auf der Strecke bleibt der Mittelstand und alle sozialen Schichten unterhalb dieses Mittelstandes.

DAS PROBLEM WÄHRUNGSUNION

Was viele nicht verstehen: die Währungsunion war von Beginn an falsch konzipiert. Eine gemeinsame Währung erfordert, und da sind sich die unterschiedlichen ökonomischen Schulen einmal einig, eine Sozial-, Transfer- und Steuerunion. Und die wiederum gibt es nicht ohne politische Union. Jetzt

haben wir die Situation, daß eine einzige Zentralbank, die EZB, mit einer Währung, dem Euro, 28 Landesregierungen gegenübersteht. Die absurde Folge: eine nationale Währung, den Euro, ohne dazugehörige europäische Nation mit Entscheidungsbefugnis. Gleichzeitig aber 28 Nationen ohne eigene Währung, für jede von ihnen ist der Euro eine Fremdwährung, auf die man keinen Einfluß hat.

Eine Währungsunion – ich habe es schon mehrmals geschrieben – ist eine Schicksalsgemeinschaft. Wenn es zwar eine Währung gibt, aber dazu 28 Regierungen, die unterschiedliche Ziele und Interessen verfolgen, dann geht das schief.

Das noch wesentlich gravierendere Problem einer Währungsunion: wirtschaftliche Ungleichgewichte können nicht mehr durch Auf- oder Abwertung von Währungen ausgeglichen werden. Ein wirtschaftlich schwächeres Land wie Griechenland kann nur noch durch Senkung der Löhne oder Erhöhung der Arbeitslosigkeit (was wiederum zur Lohnsenkung führt) reagieren. Wenn ein hochentwickeltes und weitaus produktiveres Land wie Deutschland dann auch noch mittels Hartz IV einen eigenen Niedrigstlohnsektor schafft, hat ein Land wie Griechenland keine Chance auf Erholung. Deutschland war Hauptnutznießer der Euro-Zone und sammelte enorme Überschüsse in der Leistungsbilanz. Diese Überschüsse aber sind die Defizite der wirtschaftlich schwachen Länder.

Aus all diesen Gründen war die Idee, mittels einer Währungsunion die europäische Integration zu fördern, von Beginn an ein Irrweg. Wie wir heute wissen, ist genau das Gegenteil eingetreten: der Euro erweist sich als Mittel der Desintegration. Die Ironie der Geschichte ist, daß vor allem Franzosen und Engländer den Euro als Mittel sahen, Deutschland in Zaum zu halten und zu verhindern, daß es durch die starke D-Mark wieder eine Vormachtstellung in Europa erreichen könnte. Nun hat man den Salat: Frau Merkel diktiert, was zu geschehen hat. Die schwäbische Hausfrau regiert Europa.

ÜBERSÄTTIGTE MÄRKTE UND FINANZSPE-KULATION

Die anzustrebende Investition von Handelsbilanzüberschüssen in Griechenland stieß auf ein struktu-   »

relles Problem: die allgemeine Marktsättigung. Wie viele Autofabriken soll man in Europa noch bauen? Welches Wachstum ist noch sinnvoll? Gibt es in der Realwirtschaft überhaupt noch genug Anlagemöglichkeiten für die Unmengen von Zinsen suchenden Kapital, das sich in 65 Nachkriegsjahren angesammelt hatte? Die Finanzkrise wurde durch einen Überschuß an Kapital ausgelöst, das nicht mehr zinsbringend angelegt werden konnte, folglich in immer höherem Maße in die Spekulation floß und Blasen produzierte. Eine klassische Situation, die systemimmanent nur durch Kapitalvernichtung gelöst werden kann. Wenn nun die EZB die Märkte mit Euros flutet, führt das nicht zu den erwünschten Investitionen, sondern nur zu weiteren Blasen.

Wenn nun alle Seiten laut nach »Investitionen« rufen, die in Griechenland Arbeitsplätze schaffen sollen, dann muß man zuerst eine Antwort darauf finden, welche Investitionen das denn sein könnten. Hier schweigen die EU-Finanzminister betreten und hoffen auf irgendein Marktgeschehen.

Sowohl die griechische Misere als auch die insgesamt hohe Arbeitslosigkeit in Europa haben ihre Wurzel sowohl in der falsch angelegten Währungsunion als auch in der falschen Handhabung des Freihandels. Darum haben auch all die europäischen Sparpakete nichts an der europaweiten Arbeitslosigkeit geändert.

SCHULDEN UND VERMÖGEN SIND SIAMESISCHE ZWILLINGE

Ein weiterer, gern unterschlagener volkswirtschaftlicher Zusammenhang ist der zwischen Schulden und Vermögen. Sparguthaben können nur verzinst werden, wenn jemand bereit ist, sich zu verschulden. Da aber Investitionen in die Realwirtschaft bei Marktsättigung nur beschränkt möglich und erfolgreich sind, wurde es den Staaten leicht gemacht, sich zu verschulden. Gläubiger suchten verzweifelt Schuldner. Denn natürlich wurde den Griechen das Geld förmlich nachgeworfen. Daß Staatsschulden traditionell nicht zurückgezahlt werden, ist da kein Hindernis. Das ist den Gläubigern solange egal, als der Zinsendienst gewährleistet ist. Was sollten sie denn mit dem zurückfließenden Kapital machen? Es gibt keine Anlagemöglichkeit. Darum ist es den Staaten seit Jahrzehnten möglich, ihre Schulden immer aus-

zuweiten. Jede Schuldtilgung wird sofort mit neuen Kreditaufnahmen kompensiert, damit das Werkel weiterläuft. Für die »schwäbische Hausfrau« natürlich unverständlich. Für den US-amerikanischen Hauskäufer schon viel geläufiger: dort hat man eine lange Tradition der Privatverschuldung. Die Finanzkrise wurde beim Platzen der US-Immo-Blase ja von den privaten Schuldnern ausgelöst, die ihre Kredite nicht mehr bedecken konnten. Im immerwährenden Schweinezyklus des Kapitals haben wir wieder einmal die Phase der Kapitalvernichtung erreicht.

DIE FORDERUNGEN DER GLÄUBIGER

In den letzten Tagen vor der griechischen Abstimmung war in den Zeitungen viel vom letzten Angebot der Gläubigerländer (=Eurozonen-Finanzminister) zu lesen. Was man nicht zu lesen bekam: was in diesem Papier eigentlich wirklich gestanden ist.

An erster Stelle wird verlangt, daß der Primärüberschuß des Staatshaushaltes von 1 % (2015) bis auf 3,5 % (2018) steigen muß. Zahlen, die praktisch nicht erreichbar sind. Erzielt werden soll dies durch Erhöhung der Umsatzsteuer, eine Pensionsreform, verschärfte Steuereinhebung, diverse Deregulierungen und Privatisierungen.

Einige dazu festgeschriebenen Forderungen sind durchaus sinnvoll: Einführung einer funktionierenden Finanzverwaltung und Steuereinhebung, Einführung von Grundbüchern, bessere öffentliche Verwaltung. Im Detail jedoch sind diese Maßnahmen »vergiftet«. Zuvorderst tragen alle vorgeschlagenen Maßnahmen das Stigma des Voluntarismus. Die Fristen zur Umsetzung sind völlig unrealistisch. Man kann kein Grundbuch in eineinhalb Jahren aufbauen, keine Steuereinhebung in einem halben Jahr. Die Reeder sind ganz offiziell steuerbefreit. Wie man den Reedern gegenüber eine solche Steuerpflicht durchsetzen soll, hat noch niemand schlüssig erklären können: die verlagern ihre Firmen (wie in der Schiffahrt üblich) nach Panama, und das war es dann. Noch niemand hat erklärt, wie man in kürzester Zeit das Militär oder die orthodoxe Kirche in die Steuerpflicht zwingt, vor allem angesichts fehlender Grundbücher und der langen Zeitspanne, die man benötigen würde, solche zu erstellen.

Wie sollen die Griechen innerhalb einiger Monate eine neue Finanzverwaltung aufbauen, wenn es Herrn Juncker innerhalb eines Jahres nach seiner Wahl nicht einmal gelungen ist, seinem großmundig verkündeten »Juncker-Fonds« erkennbare Taten folgen zu lassen? Es geht um die Organisierung von lachhaften 16 Milliarden Euro, von denen man sich eine Hebelwirkung auf 315 Milliarden verspricht. Abgesehen davon, daß eine solche Hebelwirkung illusorisch ist: die EZB schüttet ohne Wimperzucken 50 Milliarden Euro pro Woche über die Welt, und Herr Juncker sucht seit einem Jahr 16 Milliarden und ein Konzept. Aber die Griechen sollen in kürzester Zeit die Steuereinhebung neu organisieren und ein landesweites Grundbuch erstellen.

Über viele Punkte haben die EU-Verantwortlichen schlichtweg gelogen. Juncker behauptet: »Keine, ich sage KEINE Pensionskürzungen.« Die Wahrheit: die Brutto-Pensionshöhe wird nicht unmittelbar verringert, sie soll aber (bei gleichzeitiger Erhöhung der Krankenversicherung um zwei Prozentpunkte) bis 2021 (!!!) nicht angehoben werden. So stellt sich Herr Juncker KEINE Pensionskürzung vor.

Griechenland, ein idealtypisches Agrarland, ist Netoimporteur von Agrargütern. Nun soll innerhalb eines Jahres sowohl die begünstigte Sonderbesteuerung der Bauern aufgehoben werden, als auch eine starke Einschränkung der Agrarsubventionen erfolgen. In einer Situation also, da man alles machen müßte, um die griechischen Agrarexporte anzukurbeln, verteuert man die Agrargüter.

Ähnlich sind die Vorschläge geartet, die man für den Bereich des Tourismus gemacht hat. Die Erhöhung der Umsatzsteuer auf 13 und 23 % würde die einzig halbwegs funktionierende Branche in eine schwere Krise stürzen, da diese Steuer bei den unmittelbaren Konkurrenten nur zwischen acht und zehn Prozent liegt. Gepaart mit der Streichung von Steuervorteilen für die Inseln, die fast ausschließlich vom Tourismus leben, wäre das ein Schuß in beide Knie gewesen.

Das »letzte« Angebot der EU-Finanzminister war die Fortschreibung von Rezepten, die in den vergangenen fünfzehn Jahren ihr Scheitern bereits hinter sich gebracht hatten. Dort, wo sinnvolle Maßnahmen angesprochen werden, sind die gesetzten Fristen um Größenordnungen zu knapp, die Sozialeinschnitte sind unter Berücksichtigung der bereits bestehenden Verarmung unangemessen und der so oft beschworenen europäischen Idee unwürdig.

WIE GEHT ES WEITER?

Das weiß kein Mensch. Tatsache ist, daß die EZB einerseits die Kreditlinien der Notkredite für die Banken zwar nicht gekürzt, sie aber auch nicht ausgeweitet hat. Damit wird der funktionierende Rest der Wirtschaft endgültig gekillt und der Bevölkerung eine Art Strafgericht gemacht.

Ein Grexit würde die Desintegration der EU nicht einleiten, sondern er ist vielmehr ein Symptom dieses bereits laufenden Prozesses. Die Erschütterung bestünde darin, daß der Grexit das erste sichtbare Symbol und Ergebnis dieser Desintegration wäre. Wenn man bedenkt, daß nun auch noch die Verhandlungen mit Großbritannien über Änderungen in der EU anstehen bekommt man eine Idee, in welche Richtung das führerlose Schiff Europa schlingert. Das, während eine schwäbische Hausfrau mit Ostsozialisation das Steuerruder umklammert, ohne zu bemerken, daß weitere 27 Staatschefs ebenfalls an diesem Steuerruder herumzerren.

Um all das auf einen kurzen Nenner zu bringen: Die politische Mitte hat versagt. Sie hat sich verengt und radikalisiert und wurde zu einer, ... nun, ich würde es »extreme Mitte« nennen. Dann darf man sich nicht wundern, wenn die Ränder ausfransen. Die extreme Mitte hat jetzt die Wahl: eine Politik zu machen, die den rechten Rand stärkt, der Europa zerstören will. Oder eine Politik umzusetzen, die den Weg gemeinsam mit den linken Kräften geht, die ein verändertes, erneuertes aber gemeinsames Europa wollen.

Noch hat die europäische Politik andere Optionen, als die Wahl zwischen Skylla und Charybdis. Aber das europäische Boot nähert sich immer schneller der Straße von Messina. Dummerweise hat dieses Boot aber nur Merkel und Co. auf der Schiffsbrücke stehen und nicht Odysseus. Der hat wohl den Grexit vorgezogen.   «

CARTOON

DIOGENES TIGHTENS HIS BARREL.

Marian Kamensky

IMPRESSUM

XING Magazin
Smart India. Ein Land im stabilen Chaos.
44, Jahrgang 16, 2019

MRV Research Vienna
Herausgeber: Bernhard Seyringer
Recherche & inhaltliche Kooperation: MRV Media Research Vienna;
Einzelheft: 15 Euro + Versandkosten
Verkauf in ausgewählten Buchhandlungen und öffentlichen Institutionen,
Details unter xing-magazin.at

Bank Austria Creditanstalt : BLZ 12000 KtoNr 50109836701
Redaktionsadresse: xing@curbs.at, XING c/o JKU-Inst. Päd./Psych., Altenberger
Straße 69, 4040 Linz; ISSN 2075-2539
Alle Rechte, auch die Übernahme von Beiträgen nach § 44 Abs. 1 und 2 Urheberrechtsgesetz, vorbehalten. Namentlich gekennzeichnete Beiträge geben nicht unbedingt die Meinung der Herausgeber wieder. Das Copyright sowie die Verantwortung für die publizierten Inhalte liegen ausschließlich bei den jeweiligen Autoren.

www.ingramcontent.com/pod-product-compliance
Lightning Source LLC
Chambersburg PA
CBHW040133240726
48664CB00002B/468